오늘을
사는
용기

오늘을 사는 용기

비겁한 청춘에 내일은 없다

혼자 걷는 고양이 지음
김미경 옮김

다온북스
DAON BOOKS

CONTENTS

3장 탈출구가 아닌 돌파구를 찾아라

4장 빠르니까, 조금 천천히 해도 된다

한국어판 서문

현실에 부딪힌 작은 꿈들에게

한국 독자 여러분, 안녕하세요.

자오싱趙星입니다. '혼자 걷는 고양이'라는 블로거로 중국에서 활동하고 있고, 책도 몇 권 썼습니다. 그 중 한 권이 한국 독자와 만나게 된다니 정말 기쁩니다. 올해 저는 서른이 되었고, 이제 막 가정을 꾸리고 아이도 생겼어요. 서른 살, 의미가 남다르게 다가오는 나이죠. 30세가 되면 개인적인 삶이든 일이든 뭔가를 이루고 독립적인 사고를 할 수 있게 된다고 하는데 정말 그럴까요?

저는 아주 평범한 대학에서 지극히 평범한 분야를 전공했습니다. 평범한 대학에 갔으니까 당연히 평범하기 짝이 없는 인생을 살 거라고 생각했죠. 그러다 책 한 권을 보게 되었어요. 평범한 사람들이 평범한 환경에서 쉬지 않고 노력해서 눈부신 인생을 살게 되는 내용이었어요. 그때 처음으로 대학이 인생을 결정하는 것이 아니라는 사실을 깨달았어요. 인생을 좌우하는 건 그 사람의 행동이라는 걸 알게 되었죠. 전통적인 가정에서 나고 자라면서 명문대를 나와야 보장된 미래가 있다고 교육받아온 저에겐 충격이었어요. 그때부터 선생님의 말씀만 얌전히 기다리는 모범생에서 스스로 생각하고 행동하는 사람으로 바뀌었어요. 그렇게 인생이 달라지기 시작했죠.

대학교 3학년 2학기에 베이징에 있는 유명 외국계 기업에서 일을 시작했어요. 너무 바쁜 나머지 퇴근하면 가만히 누워 손하나 까딱하기 싫을 정도로 피곤했어요. 뭔가 성장하고 있다는 흥분은커녕, 삶 자체가 너무 재미없었죠. 지금 인턴을 하거나 막 사회에 나온 사람들은 다 마찬가지일 거예요.

남들 다 부러워하는 대기업에서 잘 나가는 사람처럼 바쁘게 사는데, 어째서 내면은 오히려 더 무뎌지고 불행한 걸까 생각해봤어요. 처음으로 내 삶을 반성하게 된 거죠. 아무 생각 없이 남들 가는 대로 앞만 보고 달리는 게 아니라 스스로 생각하게 된 거였어요. 그때부터 살아가면서 생각이라는 걸 하게 되었어요. 아무리 사소한 일이라도 말이에요. 미래에 대한 막연함, 사회생활에 대한 두려움, 꿈을 포기해야 하나, 어떻게 하면 꿈을 이룰까…. 블로그에 이런 내용을 써서 올리기 시작했고 저처럼 막연해 하고 고민에 빠진 사람들의 공감을 사게 되었어요. 어린 친구들이나 연배가 높은 분들도 관심을 보였구요.

그 글들은 그 시절 내 생각을 담은 글이기도 하지만, 내 청춘에 대한 기억이자 기록이기도 해요. 20대였던 그때가 떠오르면 이 글들을 열어봅니다. 그럼 수많은 장면이 스쳐 가죠. 울기도 했고, 웃기도 했고, 상사나 동료에게 상처도 받고, 목 놓아 소리도 질러봤어요. 하지만 그 모든 것들이 다 내가 원했던 일, 스스로 결정한 일이었기 때문에 내 청춘에 생동감을 더해주고 후회가 남지 않게 했어요. 중학생부터 50~60대 부모님들까지, 지금까지 수많은 사람이 제 청춘의 기록물을 읽었어요. 글을 통해 사람들과 소통할 수 있었기에 정말 행복합니다.

이제 《오늘을 사는 용기》가 한국으로 갑니다. 한국 독자들도 청춘의 작은 꿈이 현실과 마주했을 때 이런 저런 막연함과 고민이 있을 거라고 생각해요. 이 책이 조금이나마 희망과 격려가 되기를, 고요하고 깊은 밤 마음을 비추고 용기를 줄 수 있길 바랍니다.

우리의 청춘이 활기차게 도약하기를 바랍니다!

- 혼자 걷는 고양이(자오싱)

추천사

뭐든 해봐야 산다

실의에 빠진 사람들은 늘 말한다. 인생이란 어차피 연극이나 게임 같은 건데, 그리 힘들게 살 필요가 있느냐고 말이다. 그런데 내 생각엔 꼭 그렇지만도 않다.

인생이 정말 연극이라면, 지금보다 더 적극적이고 열정적으로 살아야 하지 않을까? 지금 하는 연극은 지루하기 짝이 없다. 태어나서 좋은 유치원, 초·중고등학교를 거쳐 명문 대학을 나오고, 괜찮은 직장에 들어가 안정되면 결혼하고 아이를 낳고, 그 아이를 또 좋은 유치원에 보내고…. 보고만 있어도 지루해서 토가 나오려는 연극을, 왜 굳이 하려고 하는가?

인생이 게임이라면, 왜 재미있는 게임을 하려 하지 않는가?

몬스터도 죽이고, 인스턴스 던전도 클리어 하고, 파티도 만들어야지, 왜 가만히만 있는가? 왜 지금 그 맵에서만 안주하며 80년이라는 게임 시간을 몽땅 소진하고 죽는가? 이 세상에 '안정성'을 추구하는 게임은 없다.

우리는 인생이라는 연극에 몰입하지 않고 오히려 잘 빠져나올 궁리만 한다. 갈등, 슬픔, 좌절이 두렵다. 노력이 수포로 돌아갈까 봐 두렵다. 무대에서 끌어 내려질까 봐 두렵다. 잘못된 길을 걸을까 봐 두렵다. 그래서 그냥 지극히 평범한, 최악의 연극을 하기로 한다.

우리 대부분이 그렇다. 그런 인생은 진정한 가능성을 찾기도 어렵다. 일단 자신에게 어떤 가능성이 있는지 탐구해보지 않으면, 생의 끝자락에 섰을 때 후회 없는 인생을 살았노라며 만족하기도 힘들다. 그리고 자신의 연인, 가족, 아이가 그들이 원하는 인생을 살게 내버려 둘 가능성도 없다. '내가 너희를 위해서 이리도 힘들게 버텨왔는데, 너네만 속 편하게 살려고?'

오늘 당신이 꿈과 평범한 인생, 가정과 자아, 이상과 현실 사이에서 겪고 있는 갈등의 근원이 여기에 있다. 그렇다면 왜 시도조차 안 하는 걸까? 현재가 딱히 좋진 않은데, 그래도 잃으면 안 된다고 생각해서다! 지금 다른 선택을 하면 '더 나은 미래가 기다린다'는 말을 믿지 못 해서다!

아직 이 책의 저자인 자오싱처럼 아드레날린이 넘치는 사람이 있어서 다행이다. 그녀는 어리바리하지만 미래를 믿는다. 인생이 게임이라면 좌충우돌하느라 피투성이가 될지언정, 자신이 좋아하는 게임을 하겠다고, 멋진 인생을 살아보겠다고 한다. 지금보다 더 좋은 미래가 기다리고 있을 수도 있잖은가?

과연 자오싱이 성공할 수 있을까?

모르겠다. 하지만 그녀는 최소한 본인이 하고 싶은 일을 하고 후회하지 않을 만큼 노력한다. 만약 자오싱이 한 가지 일에만 전념한다면 더 크게 성공하지 않을까?

그럴 수도 있다. 하지만 어느 날, 전혀 관련 없어 보이는 이야기들을 엮었는데 그 뒤에서 더 큰 성공을 발견할 수도 있다. 그리고 아직 젊은데, 크게 성공해서 뭘 하겠는가? 어쨌든 더 나은 길이 앞에 있으니 그냥 하고 싶은 대로 살아라!

젊은이들은 자오싱 같은 태도를 지녀야 한다. 인생이 연극이라면 앞에 3분의 1만 봐도 줄거리 파악이 되는 그런 연극은 하지 마라. 예측 안 되는 연극이 좋은 연극이다. 어릴 때는 열심히 공부해야 하고, 중년이 되면 모셔야 할 어른과 보살펴야 할 자식이 있다. 늙으면 움직일 힘도 없다. 그러니 지금이 아니면 언제 한단 말인가?

지금이 뭐든 시작할 수 있는 최고의, 최적의, 최대의 가능성이 있는 시점이다. 사람들은 가만히 있으면 목숨은 건진다고 말한다. 하지만 나는 뭐든 해보며 사는 게 인생이라고 생각한다. 뭐든 해봐야 가능성을 발견하고, 분투해야 죽지 않는다. 어느 날 날개의 점들이 모여 이어진 선이 우리를 날아오르게 할 것이다.

뭐든 해봐야 산다!

- 구덴(작가, 경력개발 멘토)

프롤로그

어떤 내일을 살지는 오늘에 달려 있다

며칠 전 대학 동창과 학창시절 영어공부에 대해서 수다를 떨었다. 동창이 말했다. "너 매일 저녁에 화장실 앞 복도에서 단어 외웠잖아. 그때 밤중에 화장실 가는데 네가 인사하는 바람에, 나 간 떨어질 뻔했어." 그 순간 대학 기숙사 건물의 샤워실이 퍼뜩 떠올랐다. 소등하면 거기에만 불을 켜뒀는데, 나는 거기 서서 영어를 공부했다. 졸업식 날 밤, 나는 베개를 들고 기숙사 옥상으로 올라갔다. 옥상에 누워 하늘을 바라보고 있으면 하늘이 전부 내 것 같았다. 그때부터 내 청춘은 모두 스스로 선택하고 노력한 일들로 채워졌다. 잘했든 못했든, 넘어지고 다시 일어나든 엎드려 울든, 다 내가 선택했다.

사람들은 묻는다. 졸업하고 몇 년간 쉬지 않고 열심히 산 것 같은데, 피곤하거나 힘들지 않나요? 사실 뭐 그렇게 힘들 것도, 피곤할 것도 없다. 나보다 훨씬 잘난 사람들 틈바구니에서 뭘 하든 크게 뒤처지지 않도록 노력하며 살았을 뿐이다. 이렇게 말하니까 어쩌면 조금은 힘들고 지쳤을지도 모르겠다. 하지만 사실 이런 시간은 지나고 버티고 나면 별거 아니다. 사회생활을 해 본 사람이라면 다 안다. 베개를 베고 누워 노래나 흥얼거리다 꿈을 이룰 사람은 없다는 걸. 어떤 내일을 살지는 오늘에 달려 있으니까.

요즘은 꿈이라는 단어가 세속적으로 변했다. 뭐만 하면 꿈, 꿈. 꿈이 무슨 두부처럼 그냥 한입 먹으면 배불러지는 일처럼 느껴진다. 하지만 세속적이든 어떻든 사람은 꿈이나 이상이라고 부를 만한 게 하나라도 있어야 한다. 아니면 24시간 뭐 때문에 바쁜지도 모른 채 살아간다. 친구나 동료 간의 사소하고 시시콜콜한 일에 얽히기 싫다면, 매일 부모님의 결혼해서 애 낳으라는 잔소리를 듣기 싫다면, 지금처럼 지극히 평범한 이삼십년 뒤의 자신을 보고 싶지 않다면, 꼭 꿈이 있어야 한다. 하다못해 매일 아침 일찍 일어나 108배를 하면 성불한다는 꿈을 꿀지라도…. 꿈은 당신의 정신을 강하게 한다. 그리고 그 꿈이 당신을 매 순간 눈부신 빛을 내뿜는 존재로 만들어 준다.

점쟁이가 나더러 보통 고집이 아니라고 말했다. 점쟁이의 말이 맞다. 나는 고집이 세다. 휴가 때 혼자 여행을 하든, 한 남자를 열렬하게 사랑하든, 다른 여러 잡다한 일이든, 일단 길을 확인하면 온 힘을 다해 달려갔다. 그리고 주위 사람들의 쓸데없는 소리에 아랑곳하지 않았다. 현재를 살고, 현재를 알고, 내게 있어야 할 용기를 잃지 않았다. 이런 고집과 용기, 혹은 집착이 내가 정말 하고 싶었던 일을 하게 했고 작은 꿈들을 이루게 해주었다.

물론 나도 상심하고, 방황했던 적이 있다. 남과 술을 겨루느라 48시간 내내 숙취에 잠을 못 자기도 했다. 또 칼을 감춘 웃음에 다쳐도 보았다. 하지만 한 번도 후회하거나 불안해하지 않았다. 나는 내 마음에 아주 큰 세상이 있다고 믿어왔다. 그리고 그 세상에 아름답고 멋있는 일들이 나를 기다리고 있다고 믿고 있다.

몇 년간 글을 써 오면서, 인터넷에서 내 글을 본 친구들이 자신을 바꾸려고 노력하는 모습을 보면 행복했다. 인생길을 걷다 보면 누구나 변하지만, 만약 어느 날 내가 나 자신이 싫어하는 사람으로 변한다면, 펜을 다시 들 수 없을 거다. 그래서 초심을 잃지 않으려 노력한다. 나라는 나무를 바라봐 주는 사람이 없더라도, 나 자신만은 내가 어떤 모양인지 알려고 노력한다.

청춘의 길 위에선 어디에 있든 두려워하지 마라. 내가 당신 곁에 있다! 미래의 당신이 지금의 당신을 미워하지 않게 해라. 마음을 따르고, 꿈을 좇아라. 앞으로 몇 년 뒤, 뒤를 돌아봤을 때 지금의 자신을 좋아하고 칭찬하길 바란다. 그게 바로 이 책을 쓴 내게 최고의 영광이다.

- 베이징에서,

'혼자 걷는 고양이'로부터

1장

미래의 가능성은 오늘에 달려 있다

지금 현재를 성실히 살자. 원망도 포기도 하지 말고 꿈을 향해 나아가자. 꿈을 이루고 싶다면, 확실한 미래를 기다린다면, 오늘에 충실해야 한다.

환경이 움직이지 않으면, 스스로 움직여라

"환경이 움직이지 않으면, 스스로 움직여라."

대학 1학년 때 봤던 말이다. 대입시험을 망쳐서 고향에서 한참 멀고 추운 도시로 왔다는 생각에 우울했던 때였다. 캠퍼스에는 흙먼지 날리는 공사가 한창이었다. 학생들은 대부분 거기 사투리를 쓰는 현지인이었다. 타 지역에서 온 나 같은 사람은 소수였다. 그리고 내 대입 시험점수가 현지 학생들보다 100점 정도 높았다. 격차가 많이 났고, 스스로 잘났다고 생각하는 다른 사람들처럼 나도 자신이 날개 꺾인 천사라고 생각했다. 아름다운 호숫가가 아니라 공사가 한창인 흙더미에 잘못 떨어진 천사라고.

난 그 도시에 반감을 느꼈고 늘 수업을 빼먹었다. 여기는 내 재능을 담을 그릇이 못 된다고 생각했다. 줄곧 자신은 진주인데 진흙 속에 묻혀있을 뿐이라고 위로했다.

그래도 우리 학교가 발전이 전혀 없었던 건 아니다. 평범한 2지망 학교로서 느리긴 하지만 발전을 하긴 했다. 개혁하고 업그레이드해서 매년 6,000명씩 신입생을 모집했다. 쉰 살 먹은 총장님은 학생들을 데리고 야심찬 눈으로 올라가는 건물들을 바라보았다. 총장님은 개교 때부터 하버드, 예일대 등 세계적인 명문대학교를 둘러보고, 우리 학교를 거기와 비스무리하게 만들려고 노력하고, 과감한 혁신을 시도하기도 했다. 총장님의 배포와 박력이 좋았다. 그나마 그 도시에서 신선하고 용감한 빛을 보게 해주신 분이었다.

그때의 나는 지금 내게 원치 않는 학교에 들어갔다고 편지를 보내는 친구들과 비슷했다. 다 마음에 안 들고, 우울하고, 씁쓸하고, 눈에 안 찼다. 나는 수선화인데 양파 더미에 버려졌을 뿐이라고 생각하면서, 언젠가 꽃을 활짝 피울 날만 기다렸다. 그래서 끝없는 슬픔과 불만에 젖어 있었고, 매일 학교 게시판에 붉은색으로 적힌 자습, 아침체조, 수업 불참자와 과제 미제출자 명단에 내 이름을 올렸다. 원래 밝았던 성격이 극도로 감정적이고 예민하게 변했다. 어떤 땐 게시판에 내 이름이 없으면 오히려 아쉽기도 했다.

매일 도서관에 가서 잡지를 읽었다. 따뜻한 열람실에서 물을 마시며 한 권씩 펼쳐보았다. 베이징의 대학생들은 지멘스, P&G 등 대기업에서 인턴을 한다더라, 해외학교에 교환학생으로 간다더라 등, 그들이 사는 세상을 훔쳐보았다. 반면 나는 성省 소재지도 아닌 더 작은 도시에서 매일 추위에 시달리며 짠 음식 때문에 일찍 죽을까 봐 물을 부어가며 학교식당 밥을 먹어야 했다. 아, 그야말로 천지 차이구나.

매일 내가 왜 여기에 있어야 하냐며 원망하고, 아무 이유 없이 미워하고 또 미워했다. 하지만 그런다고 뭐가 달라지겠는가?

그러다가 "환경이 움직이지 않으면, 스스로 움직여라."라는 말을 보았다. 그래, 내가 움직이면 되는 거다. 왜 학교가 변하기를 기다려야 하지? 내가 정말 여기서 잘난 능력을 썩히고 있는 거라면, 내가 있어야 할 곳으로 달려가면 되잖아? 스스로 잘났다고 생각하잖아. 그냥 대입시험을 망쳤을 뿐이라고 생각하잖아. 정말 그렇다면 저 앞까지 달려가 보자! 여기서 징징거리지 말고 달려가자!

그렇게 나는 "환경이 움직이지 않으면, 스스로 움직여라."라는 말에 정신을 차리고 어문학과의 외국인 교수님을 찾아갔다. 매일 새벽 5시에 일어나서 교수님과 영어를 공부하기로 했다. 명문학교 학생만 친다는 토플, GRE Graduate Record Examination, 미국 대학원 입학시험, GMAT Graduate Management Admission Test, 경영 대학원 입학시험, IELTS International English Language Testing System, 국제 영어 능력 시험 등 영어시험을 신청했다. 하도 열심히 들어서 어학기는 3개, 테이프는 100개 정도를 망가뜨렸다. 그리고 코카콜라에 인턴으로 들어갔다. 하루 30위안을 받는 마트 판촉부터 시작했고 늘 사람들에 시달렸다. 그 뒤 베이징 대학교에 교환학생으로 갔지만, 소속감이 전혀 없었고 무시당하며 2년을 보냈다.

미친 듯이 앞만 보고 달려 어디까지 왔는지, 누구와 얼마나 멀어졌는지도 모르겠다. 하지만 깨달은 게 있다. 사람들은 자기 성에 안 차는 환경에 처하면 자신이 주변 사람보다 잘났다고 생각한다. 하지만 모두가 다 그런 생각을 하고 있다. 원망하고, 괴로워하면서 자신이 날개 꺾인 천사라고 생각한다. 그렇게 자신만 잘났다고 생각하는 사람들이 모여서 억울해 하고 있으면, 결국은 다 병신들만 남아 서로를 무시하고 있는 거랑 뭐가 다른가.

그 찌질이들 사이에서 벗어나고 싶다면 행동하는 것만이 유일한 방법이다. 어떤 환경이든 행동해라! 환경이 움직이지 않으면 스스로 움직여라!

인생에서 가장 우울한 일은 움직이지 않는 환경에 버려진 것이 아니라, 당신이 아직도 거기에 있는 거다!

나는 지금도 황당하게 산다. 늘 더 나은 세상에 나를 데려다 놓고 따라 가느라 힘들게 산다. 하지만 내가 선택했기에 원망할 수도 없다. 그래서 주변을 둘러볼 여유도 없이 이를 악물고 뛴다. 나는 루쉰魯迅이 쓴 《아큐정전阿Q正傳》의 주인공 '아Q'다. 모욕과 무시를 당해도 아Q처럼 내가 승리자라고 생각한다. 늘 자신에게 말한다. 환경이 나쁜 게 아니다, 다른 사람이 틀린 게 아니다. 내가 싸우지 않았고 내가 뛰지 않았다…. 나를 채찍질 하고 일깨우기 위해서 나는 이 말을 가슴에 담았다.

불만이 있다면 움직여라! 지금, 즉시, 당신이 원하는 곳으로 가라!

무슨 수로 원하는 삶을 살 것인가

휴가 때 회사에서 통지 메일을 받았다. 인터넷 업무 교육 2차 과정이 시작되었으니 언제까지 완료하라는 내용이었다. 회사의 교육 자료는 양이 많았다. 처음에는 기본적인 업무스킬이나 직원들을 세뇌하려는 회사 경영이념이 다일 거라고 생각했다. 할 일도 없으니 한 번 보기나 하자는 심산으로 파일을 열었다. 그런데 한 과목을 듣고 머리가 확 맑아졌다.

우습게 여긴 교육이었는데 일상적인 업무에 대해 거시적인 시각이 생겼고, 회의 때마다 선배들이 한 말에 담긴 뜻을 어렴풋이나마 이해하게 되었다. 심지어 일을 잘하고 싶다는 욕망이 불쑥 솟구쳤다. 지금처럼 취미랑 특기로만 성취를 얻는 것이 아니라, 선배들처럼 업무적으로 인정받겠다는 마음마저 생겼다. 회사 일을 대하는 마음이 바뀌자 과거를 되돌아보게 됐다.

나는 원래 새벽 2시까지 취미 생활을 즐기는 타입이었다. 취미로 벌인 일을 잘 살려서 나름 성과도 있었다. 그런데 회사 일은 못하는 건 아니지만 그렇다고 썩 잘하지도 않았다. 일로 얻은 성취는 취미로 일군 결과에 훨씬 못 미쳤다. 이는 능력의 문제가 아니라 마음의 문제였다고 생각한다.

우리는 좋아하는 일을 해야 옳다고 믿는다. 하지만 자신이 좋아하는 일이 뭘까? 정확히 아는 사람은 별로 없을 거다. 나도 일이 아니라, 취미가 내 마음의 소리를 따르는 것이라고 생각하고 열심히 했다. 하지만 일은 어떤가? 내가 원하는 일이 아니라고 생각했다. 도대체 마음이 원하는 일은 무엇일까? 좋아하는 취미를 본업으로 삼는다면 정말 즐겁게 일할 수 있을까? 현실은 그렇지 않다. 그럼 왜 계속 좋아하는 일을 해야 한다고 집착할까? 도피하고 싶어서다.

우리는 늘 하는 일이 즐겁지 않고, 원치 않는 삶을 산다고 생각한다. 그래서 "마음의 소리를 따르자."라는 말로 자신을 격려한다. 하지만 그렇게 생각할수록 현실에서 멀어진다. 그리고 환상에 빠지고 원망을 쏟아낸다. 사실 평범한 사람이 생각하는 마음의 소리란, 가만히 앉아서 공짜로 얻는 떡을 말한다. 세계 일주를 할 만큼 돈이 많기를 바라지만, 화도 참고 욕먹어 가며 돈을 버는 건 자신이 바라는 삶이 아니라고 말한다. 그리고 자기 꿈이 한순간 사회라는 용광로에 던져져 흔적도 없이 사라졌다고 느낀다. 언론에서 외국의 사고방식과 성공한 사람들의 이야기를 접하면 마음이 붕 뜨면서 갈 길을 잃는다.

그렇게 툭하면 회사 그만두고 여행을 간다거나, 월급 때문에 이직을 한다거나, 동료와 어떻게 하면 돈을 더 모으나 궁리한다. 하지만 일을 잘하려고 공부에 매진하고, 전문가가 되기 위해 노력하는 사람은 거의 없다.

세상은 물욕이 가득하고 어수선하게 돌아간다. 회사에서는 일을 미룰 수 있으면 미루고 막을 수 있으면 막는다. 퇴근해서 밥을 먹고, 텔레비전을 보고, 잠을 잔다. 그리고 머릿속에는 세상이 왜 엉망진창인지, 월급은 왜 제자리인지 하는 생각뿐이다. 특히 갓 졸업한 사회 초년생일 때는 스트레스는 엄청난데, 월급은 낮다. 그러면 본능적으로 닥쳐올 어려움에서 도망치고 싶어진다. 앞으로 더 힘들지도 모른다는 생각이 들자, 지금 하는 일을 그만두면, 여행을 가면, 프리랜서를 하면 그런 어려움을 피할 수 있지 않을까 하는 생각을 한다. 그래서 한 직장에서 1, 2년쯤 일을 하고 나면, 자고 일어났더니 부자가 됐다더라, 유명해졌다더라 하는 이야기에 관심이 높아진다. 그러다 문제가 생기면 밖으로 나갈 생각뿐이다. 주변의 누군가가 최선을 다해서 일하면 콧방귀를 끼며 한마디 한다.

"그렇게까지 힘들게 살 필요 있나?"

그러면서도 능력자 선배들이 눈부시게 빛을 발할 때마다, 감탄을 자아내는 PPT를 만들 때마다, 어떤 문제라도 막힘없이 술술 대답할 때마다, 자신이 한낱 무지렁이에 지나지 않는다고 느낀다. 선배들이 긴 휴가를 내서 원하던 곳으로 가 즐거운 시간을 보낼 때, 부러움과 갈등이 피어오른다.

사실 고생 없이 선배들처럼 될 수는 없다는 사실을 잘 알고 있다. 그런데도 우리는 무의식적으로 현실에서 도피한다. 자신이 텔레비전에 나오는 금수저를 물고 태어나서 돈 걱정 없이 사는 사람이라는 환상을 품는다. 그래서 직장을 그만둔다 어쩐다, 힘들다고 몸부림치면서 지금 사는 세상은 본인이 바라던 세상이 아니라고 하소연한다. 그렇게 몇 번 난리를 치고 나면, 인생이 더 밑바닥으로 떨어지는 것 밖에는 달라질 게 없다.

하루 8시간 이상을 쓰면서까지 능력자가 되고 싶지는 않다며 줄곧 다른 세상으로 도망치려고만 한다면, 무슨 수로 당신이 원하는 삶을 살 수 있겠는가? 계속 도망만 친다면 평생 취미에만 얽매여 살아가게 될 거다.

모든 걸 가진 청춘은 없다

우리 세대라면 유명 외국어 학원인 신등팡에서 수업을 들어봤을 거다. 넋을 잃고 스타강사에 빠진 적도 있을 테고. 그 시절 우리는 수수한 옷차림을 하고, 김이 모락모락 나는 물병을 손에 들고 수업에 집중했다. 빈자리 없이 다닥다닥 붙어 앉아 책상에 참고서를 늘어놓은 모습이 대입 시험장을 방불케 했던 것도 같다. 그때는 아마 꿈과 미래가 뭔지도 몰랐으리라. 같은 교실에 앉아있던 우리는 오직 하나, 영어만 생각했다. 물론 선생님의 파란만장한 첫사랑 이야기를 들으러 오는 학생도 있었겠지만.

"숨 가쁘게 달리다."라는 말이 내 청춘을 표현하기엔 안성맞춤이다. 단조롭고, 재미없고, 사랑의 '사'자도 몰랐다. 1년 내내 평일엔 출근하고 주말엔 책 읽는다고 계절이 바뀌는지도 몰랐다. 언제 무슨 꽃이 피고 어떤 나무가 자라는지도 모르는 나 같은 사람이 베이징에 사는 건 엄청난 낭비다. 다양한 주말 행사에도 좀처럼 가지 않는다. 그리고 이렇게 자신을 위로한다.

'사람이 모든 걸 가질 순 없어. 친구도 사귀고 먹고 마시고 취미도 즐기면서, 일도 잘하고 성공해서 사람들의 관심까지 받는 건 절대 불가능한 일이야. 진짜 그런 사람이 있다면 온갖 시기 질투에 시달리고 외톨이가 될 거야. 아니면 시기 질투가 무서워서 남이 주는 물도 함부로 못 마실 걸.'

청춘엔 방황이 당연하다. 나도 남들처럼 뚜렷한 목표가 없었고 원하는 게 뭔지 몰랐다. 생각이 매일 바뀌었고 좋아하는 것도 그리 오래가지 않았다(남자 취향은 한결같지만). 매일 일찍 나가 늦게 들어오고 직장에선 암투와 음모에 시달렸다. 하지만 여가 시간엔 취미를 즐기면서, 생각한 일을 행동에 옮기기도 했다. 이리저리 부딪히고 다치며 앞만 보고 달렸다.

내게 자기 적성을 어떻게 찾고 인생의 방향을 어떻게 정하느냐고 묻는 고3 친구들이 많다. 어린 친구들이 자아를 고민하고 탄탄한 미래를 원한다는 사실에 적잖이 놀랐다. 그리고 조금 무섭기도 하고 각박하다는 생각도 든다.

세 살에 피아노를 연주하고, 다섯 살에 미적분을 이해하고, 일곱 살에 몇 개의 외국어를 하는 신동처럼 몇몇 천재들을 빼고는 이삼십대가 되어서도 어떤 길로 가야 할지 모르는 사람이 부지기수다. 누군가는 일찍부터 성공하고, 누군가는 대기만성하기도 한다. 적극적인 용기와 모험 정신이 중요하지, 몇 살에 자신의 미래를 정했는지는 전혀 중요하지 않다.

나는 필요하다면 '자신을 놓아주자'라고 말한 적 있다. 많은 이들이 내게 물었다. 일을 잘하지 못해서 자기와 맞지 않는 일이라고 판단하고 자신을 놓아주고 나면, 그 뒤부턴 노력하지 않아도 되는 건가요? 자신에게 쉴 시간을 주지 않고 노력만 하라는 건, 너무 잔인하지 않나요? 순간 어떻게 대답해야 하나 고민했다. 그러다 우연히 "많은 사람이 사랑을 위해서 모든 걸 불사한다. 하지만 정작 자신의 목표를 위해서 전부를 내놓을 사람은 거의 없다."라는 말을 보았다. 속이 뻥 뚫리는 것 같았다.

왜 사랑을 위해서는, 짝사랑일지언정 목숨까지 걸면서, 자신의 목표(꿈이라는 거창한 표현은 않겠다.)를 위해서는 그리도 쪼잔한 걸까? 사람들은 자잘하게 노력하고 큼지막한 보답을 바란다. 게다가 조금이라도 태만해도 되는 구실이 생기면, 자신이 노력하지 않는 건 당연하다고까지 생각한다!

실상, 성공하려면 천성적으로 똑똑한지 아니면 멍청한지, 가정형편이 좋은지 아니면 찢어지게 가난한지, 어느 쪽이든 다 상관없다. 하지만 이거 하나, 성실함은 반드시 필요하다. 성실함 말고 나머지는 부수적인 거다. 자신이 재벌 2세나 권력가 집안이 아니라서 성공하지 못 한 거라고 떠들지 마라. 그런 말은 핑계일 뿐이다. 당신이나 나나, 가정형편과 지능이 고만고만한 평범한 사람이다. 특별히 좋거나 나쁘지도 않다. 그렇다고 돈과 권력이 있는 것도 아니다. 그러니 우리가 할 수 있는 건 노력밖에 없다. 열심히 노력해서 부모님의 은혜를 갚아야 한다. 자식에게 고기반찬 먹인다고, 자신들은 장아찌만으로도 만족했던 그분들께 당신과 내가 아니면 누가 은혜를 갚는단 말인가.

나는 가끔 아무 생각 없이 인터넷에서 황당하고 자극적인 글들을 읽는다. 보고 나면 내면이 강해지고 힘이 불끈 솟는 듯하다. 진상 블로그 주인, 진상 가족과 진상 친구들의 막장 이야기를 보고 있자면 내가 사는 평범한 환경이 오히려 고마워진다. 고부갈등, 사이코 같은 남자친구, 의지가 안 되는 엄마, 바람피우는 아빠, 스물다섯 살에 갑자기 남동생이 생겼다는 등…. 그런 이야기를 보면 내가 겪는 방황과 문제는 정말 아무것도 아니니까!

사연 없는 집은 없다. 당신도 나처럼 평범한 환경에서 살고 있다면 불평하지 마라. 기어코 불평해야겠다면 인터넷에서 글을 읽거나 밖에 나가 아줌마들의 대화를 들어 보아라. 그 동네에서 당신은 비참한 축에도 못 낀다는 사실을 알게 될 거다. 그러면 없던 힘도 확 생겨서 충전 만땅(?) 상태로 집에 돌아가게 될 거다.

타이틀보다 중요한 것은 너 자신이다

대회에 참가한 적이 있다. 주최 측에서는 서식에 경력을 전부 기재하고 참가 분야를 결정하라고 했다. '아이디어', '용기', '환경보호', '공익' 등에서 하나를 골라야 했다. 나는 일단 있어 보이는 타이틀을 쭉 나열했다. 〈원후이바오〉 신문의 유학 및 취업판 기고가, 잡지 〈대학생〉 칼럼니스트, 포털사이트 시나닷컴의 교육·취업채널 작가….

마지막에 덤으로 직접 기획한 공익 프로젝트인 '별빛성장계획'도 적었지만, 짧게 세줄 정도만 언급했다. "별빛성장계획 설립자, 빈곤 산간 지역에 작은 도서코너 마련이 목적, 현재 쓰촨성 멘양 재난지역 임시 초등학교 등에 책 100권과 의류를 기부, 백혈병 여학생을 위한 모금운동 참여." 그리고 얼마 후, 대회 조직위원회로부터 공익분야 후보자로 선정되었다는 통지를 받았다.

공익? 왜 공익이지? 의아했다. 프로젝트도 소소하게 7가지 정도 활동만 했을 뿐인데, 어쩌다가 눈에 들었을까? 궁금해서 주최 측에 물어봤다. 그러자 별빛성장 프로젝트가 특별했다는 대답이 돌아왔다. 내가 적은 내용 중에서 유일하게 직접 기획하고 진행한 공익 프로젝트라서 선정되었다고 했다.

그렇다. 직접 기획한 프로젝트다. 반면 기고가, 칼럼니스트 등은 스스로 얻은 것이 아니라, 사회가 내게 준 타이틀이다. 그러니까 엄연히 다르다. 그 대회는 내가 어디 대기업을 다니는지 전혀 관심이 없었다. 또 사회에서 어떤 직함을 가졌는지도 전혀 개의치 않았다. 대신 내가 직접 한 일에 관심이 많았다. 사실 주동적으로 한 일이야말로 본인이 진정 원한 일이다. 그래서 더 특별하다.

사회에서 가지고 있는 직함은 다 세상이 부여한 것이다. 무슨 회사에 다닌다, 유명 언론사의 기고가다, 어느 학교의 선생님이다…. 이것들은 어느 순간 전부 사라질 수도 있는 타이틀이다. 만약 이것들이 다 사라지고 나면 우리에게 무엇이 남을까? 대만의 유명 작가 리신핀의 글을 읽었다. 대충 이런 내용이었다.

'우리는 매일 하루아침에 먼지처럼 사라질 수 있는 직함, 명성, 승진 기회, 회사 배경 등을 좇는다. 그런데 어느 날 회사가 망하면 직함이 무슨 소용인가? 승진을 기대하고 있는데 당신보다 사장님과 더 친한 사람이 짠하고 등장할 수도 있지 않은가? 사람들은 세상이 불공평하다고 원망하지만, 사실은 우리의 마음이 사회가 부여한 타이틀에 매달리고 평화롭지 않아서 더 문제다.'

진로 문제로 고민할 때 이 글을 봤다. 마음이 확 트이는 것 같았다. 외부 환경에 따라 변하지 않는 것을 잡아야 한다. 사회가 부여한 타이틀은 우리가 통제할 수 없다. 어느 날 갑작스레 닥친 변화에도 우리에게 남아있는 것은 우리 자신이다. 우리 자신이야말로 유일하게 변하지 않는 것이다.

구직활동을 할 때, 이력서에 순전히 재밌으려고 벌인 여러 가지 일을 한가득 적었다. 기자로 활동했던 내용도 있었다. 한밤중에 머리를 탁 치며 떠오른 프로젝트였다. 외국인 100명을 인터뷰해서 그들이 중국에서 느낀 점과 문화적 갈등을 알아보자는 취지였다. 재미를 위해서 한 일이었지만 중요한 면접을 볼 때마다 이와 관련하여 질문 세례를 받았다. 지금 생각하니 특별하고 주동적인 일이어서 그랬나 보다. 다른 이력서에 '동아리 회장', '학생회 회장', '우수학생'이 천편일률적으로 등장할 때, 내 이력서에는 직접 기획했던 일들이 적혀 있었다. 당시엔 왜 면접을 볼 때마다 백발백중 합격했는지 몰랐는데, 이제는 알겠다.

평소에도 세상은 내게 정해진 틀을 내밀어 당황스럽게 한다. 지금까지도 왜 그러는지 이유를 모르겠다. 할아버지, 할머니부터 남동생, 여동생까지 가족이 바라는 건 비슷하다. 어릴 때처럼 착하고 똑똑해야 한다. 인재 양성의 요람인 대학에 가면 성적이 최우선이고 출세를 위해 학생회장, 공산당원 타이틀을 따야 한다. 학생간부나 모범학생들과 어울리고, 국유기업이나 공무원이라는 안정된 목표를 향해 나가야 한다고 말한다.

그다음엔 하루라도 빨리 조건 좋은 짝을 찾아야 한다. 남자 쪽은 집을, 여자 쪽은 차를 사고 결혼해서 애 낳고, 같이 집, 차, 아이라는 역사적 중임을 안고 살아가다가 안정적인 중년이 되는 게 지상최대의 과제인 양 군다. 그렇게 우리는 남들 하는 대로 묻지도 따지지도 않고 휩쓸려 간다. 매 순간 해야만 하는 일을 하고, 매사에 튀지도 나서지도 말고 몸을 낮추어야 한다. 고개를 내민 새가 일찍 총에 맞아 죽는다는 사실을 명심하며 살라고 가르친다!

딱히 할 일이 없어서 프린터 상자로 작은 책장을 만들었다. 사진을 찍어서 SNS에 올렸는데 이리저리 떠돌다가 프린터 회사의 판매사원 눈에 띄었다. 프린터 회사는 나의 박스 응용에 감탄하며, 창작의 날개를 원 없이 펼치라며 아낌없이 지원하겠다고 약속했다. 그래서 기왕 하는 김에 프린터 회사와 아이디어 회의를 하기도 했다. 만약 내가 책장을 만들지 않고 잘 나가는 대기업에 다니는 능력자라면, 프린터 회사에서 나를 거들떠나 봤을까? 그들은 내가 누구고 어디에서 일하는지 물어보지 않았다. 그냥 직접 생각해낸 단순한 아이디어를 높이 평가해서 내가 원하는 걸 전부

제공했다. 이래서 인생을 게임 같다고 하는 건가.

당신이 누군지는 중요하지 않다. 무엇을 하는지가 중요하다. 뺄셈으로 비유하면 딱 맞다. 내게서 지금 하는 일을 뺀다면 무엇이 남을까? 내게서 사회가 부여한 직함을 빼더라도 나 자신이 남아있기를, 자신을 자랑스럽게 생각할 무언가가, 매일 담담하게 웃으며 침착하게 앞으로 나아가는 내가 남아있기를 바란다.

도와주는 사람이 없는 것이 현실이다

당신을 돕는 사람이 있다면 운이 좋은 거고, 도와주는 사람이 없는 것이 현실이다. 책에 나온 '신수당 伸手黨, 다른 사람이 해결해주길 기다리는 사람들'이라는 단어를 보고 주변에서 흔히 보고 듣는 일이 생각났다.

고민 상담이나 비참한 신세를 한탄하는 편지를 많이 받는다. 선생님이 자기를 미워한다, 동료와 조금 껄끄럽다, 어떻게 하면 좋겠느냐고 묻는 사람부터 시작해서 공부 계획을 세워 달라, 영어공부나 대학원 시험은 어떻게 준비하느냐고 묻는 사람까지 있다. 처음엔 진지하게 대답하느라 시간을 많이 들였다. 하지만 답장을 받고 나서 "고마워요." 한마디 하는 사람 없이 그냥 그렇게 땡이다. 심오한 질문을 던지며 답을 기대하는 사람도 있는데 이제 갈수록 더 대답하기 힘들다. 생각할수록 화가 치밀어서 그렇다.

저마다 다른 인생을 살고 생각이 달라서, 내 경험에 비춰서 모든 사람의 문제에 대한 해답을 줄 수 없다. 가령, 유학은 가고 싶은데 집안 형편이 여의치 않다. 부모님이 가엽고, 힘들게 버신 피 같은 돈을 쓸 수도 없다. 어떻게 해야 할지 모르겠다고 고민 편지를 보내온다. 그런데 이건 내가 답할 만한 문제가 아니지 않은가.

때로는 너무나 당당하게 예의도 갖추지 않고 편지를 보내는 사람도 있다. 심지어 답장이 느리다고 재촉 메일을 보낸다. 그런데 솔직히, 내가 당신 문제를 해결해 줄 의무는 없지 않은가. 하물며 돈을 받는 것도 아니고 말이다. 자기 문제는 스스로 해결하길 바란다. 문제 해결 능력을 강화해줄 좋은 기회로 삼아라. 고민도 생각도 없이, 입으로만 묻고 공짜 정답을 얻길 바라는 '신수당'을 기꺼이 돕고 싶은 사람은 없다.

'신수당'은 쉽게 말하면 고생 없이 결과를 얻길 바라는 사람을 뜻하고, 조금 고차원적으로 표현하자면 주동성이 부족한 사람을 말한다. 직장에 갓 들어온 신입과 인턴의 불만들이 종종 들린다. 상사가 자기 마음 같지 않다며, 뭐 하나 가르쳐 주는 거 없이 자신을 방치한단다. 학생에서 사회인으로 가는 과도기에 있는 사람에게서 흔히 듣는 불만이다. 아주 당당하게 본인의 억울함을 표출한다. 학교 다닐 땐, 선생님이 당부의 말을 해주고, 부모님이 관리해

주고, 친구가 대가 없이 도와주고, 학교가 보호해주었다. 하지만 이제 우리는 그런 것들이 없는 사회로 들어섰다. 자신이 원하는 걸 찾고, 쟁취하고, 안 되면 뺏어오는 법을 터득했는가?

실상, 직장의 그 누구에게도 당신을 가르쳐 줄 의무는 없다. 학교 선배나 상사라고 해도 그렇다. 직장은 학교처럼 누군가를 가르쳐야 할 사명 따윈 없는 곳이다. 게다가 당신이 직장에 학비를 낸 것도 아니잖은가. 도리어 돈을 받는다. 우리는 적어도 스물두 살을 넘긴 성인이다. 그런데 다 된 밥을 입에 넣어주길 기다리고만 있는 건가? 오히려 물불 가리지 않는다고 핀잔 듣는 사람이 훨씬 주동적이다. 일을 찾아서 하고, 나서서 식사 예약을 잡고, 먼저 인사를 건네고, 시키지 않았는데 일찍 출근하는 그런 사람 말이다. 자세히 관찰해보자. 그렇지 않은가?

그럼 남에게 묻지 않고 혼자만 고민해야 하느냐고 묻는 사람이 있을 거다. 편리한 조건을 활용하지 않고 혼자 힘들게 고군분투해야 하는 거냐고 하면서. 여보세요, 첨단 시대 아닙니까. 인터넷에서 자료 검색도 할 줄 모릅니까? 지금 하는 일이 싫고, 전공 말고 다른 걸 공부하고 싶은데 어떻게 해야 하느냐고 묻는 사람도 있다. 이걸 나한테 왜 묻는 건가? 내가 감정관리, 윤회, 아동심리를 공부할 때는 도서·영화 리뷰 사이트인 더우반에서 책을 한 무더기 사서 한 권씩 정독했다. 책으로 지식을 얻고 혼자 정리하고 생각했다. 기초 지식을 어느 정도 쌓은 뒤, 더 수준 높은 책을 읽고 꾸준히 공부했다. 궁금한 점이 있으면 먼저 자료를 찾아보고 고민했다. 수준 높은 질문을 해야 상대방도 대답해줄 마음이 생긴다. 그리고 스스로 고민해야 당신의 주동성과 문제 해결 능력이 강해진다.

자기 돈을 써야 아까운 마음이 생긴다. 또한, 물어본다 해도 대답해 줄 수 있는 사람이 없을 수도 있다. 그리고 누군가 정답을 줘도 그대로 할 사람은 거의 없다. 고생도, 좌절도, 실수도 없이 얻은 답은 평범하기 짝이 없어서 특별히 기억에 남지도 않는다.

우리는 미국 어린이가 인성교육을 받는다고 부러워한다. 주제를 주면 집에서 자료를 찾아 에세이를 쓰는 미국 초등학교의 개방적인 교육방식에 감탄한다. 그리고 중국의 주입식 교육이 갑갑하다며 비난한다. 하지만 솔직히 말해서 당신이 미국과 같은 환경에서 교육받는다면 어떻게 할 것 같은가? 정말 도서관에 가서 스스로 자료를 찾을 건가? 인터넷에서 찾은 내용을 그대로 베끼는 일이 다반사이지 않은가.

모두 교육 개혁을 부르짖지만, '신수당'에서 몸을 빼진 않는다. 그 아무리 대단한 교육이라도 '신수당' 부모의 가정교육을 이길 수는 없다. 자신은 '신수당'이 아니라고 부인하지 마라. 우리 모두 '신수당'이다. 의존병 발작 초기에 '신수당' 제재를 시작하라.

사실 누군가 당신을 돕는다면 운이 좋은 거고, 도와주는 사람이 없는 것이 현실이다. 남이 도와주는 걸 마치 꿔준 돈을 받는 것처럼 당연하다고 생각하지 마라. 그렇게 도움만 받다가는 결국 얻는 거 하나 없을 테니까.

‘긍정의 힘’ 따위에 기대지 마라

항상 이렇게 말하는 사람이 있다. “공부가 잘 안 돼요. 긍정적인 기운을 주세요.” “사장님이 ‘똘아이’ 같아요. 어떡하죠? 긍정적인 기운을 주세요.” “출근하기 싫어요. 기운 좀 주세요.” 마치 긍정적인 기운을 무슨 만병통치약처럼 말한다. 받기만 하면 피가 뜨거워지고 에너지를 가득 채워준다고 생각하는 것 같다. 어떻게 보면 긍정적인 기운 운운하며, 문제를 도피하는 것 같다. 긍정적인 기운이 있어야만 문제의 매듭을 풀 수 있다고 생각한다.

한동안 바빠 죽겠는데, 상사와 동료가 입원하는 바람에 야근해야 했다. 짜증이 치솟아서 컴퓨터를 노려보며 마우스를 집어 던졌다. 퇴근길에 이렇게는 못 살겠다는 생각이 들었다. 문제들이 한꺼번에 들이닥쳐서 생각할 틈도 없이 꼬이고 또 꼬였다. 관두자!

잠수타자! 다 때려치우자! 이런 생각들이 뱅뱅 돌면서 눈앞이 깜깜해지고 절망감이 엄습했다! 여기저기에서 파이팅 넘치는 글이라도 읽고 어지러운 문제를 깡그리 날려버리고 싶었다!

텔레비전을 한참 보다가, 때마침 긍정적인 기운을 주는 말을 보았다. 마음의 온도가 차츰 올라가면서 힘도 생겼다. 차분한 마음으로, 문제를 하나씩 꺼내서 원인과 결과를 찾고, 이런저런 해결 방법을 생각했다. 그런데 곰곰이 생각하니까, 긍정적인 기운은 사람의 믿음에 주입되는 건가 보다. 믿음에 에너지가 보충되면서, 나는 이긴다, 할 수 있다고 믿는다. 하지만 딱 그뿐이다. 긍정적인 기운에만 의지하면 문제를 해결할 수 없다. 스스로 해결 방법을 찾아야 진짜 문제가 풀린다.

긍정적인 기운이라는 단어에 의지하면서부터, 어려움이 생기면 해결 방법을 고민하는 게 아니라, 그냥 어디서 긍정적인 기운 좀 받아서 힘을 내볼까 하고 생각한다. 긍정적인 기운에 의지할수록 스스로 절망을 딛고 일어서는 능동성(혹은 본능)을 잃는다. 그리고 외부의 힘에 의지해야만 기운을 차리고 투지를 불태울 수 있다고 생각한다. 그래서 기분이 바닥을 치면, 어떻게 극복해야 할지 앞이 막막하다. 그렇게 시간이 흘러, 망망한 곳에서 힘을 줄 대상을 찾지 못하게 되면, 더 견디지 못하고 무너진다.

영화 〈라이프 오브 파이〉의 주인공은 강한 소년이다. 육체적,

물질적인 어려움을 극복해서가 아니라, 외부에서 오는 긍정적인 기운이 전혀 없는데도, 하루하루 절망과 고독을 이기고 버티며 육지에 닿았기 때문이다. 영화를 보고 요즘 시대의 넘쳐나는 긍정적인 기운과 과도한 의존이 생각났다.

지금 이 시대 젊은이들의 아픔과 절망은 대부분 불확실한 미래와 자신에 대한 높은 기대, 사회에 대한 불안에서 기인하는 것이지 육체나 물질적인 결핍에서 오는 것이 아니다. 그리고 사회의 경박함과 허영이 청년들로 하여금 사서 고생하고 인내하려는 마음을 모조리 쫓아버린다. 그래서 청년들이 정신적으로 더 힘들어하고 쉽게 무너진다. 긍정적 기운을 주는 '정신적 자극제'에 의지해 힘을 얻다가, 어느 날 갑자기 자극제와 자기계발 스토리가 사라지면 어떻게 살려고 그러는가? 자신이 스스로 쟁취한 믿음만이 본능적으로 마음의 절망을 부수고, '파이'처럼 고독한 망망대해를 헤쳐가게 해준다.

긍정적인 기운을 많이 흡수하고, 자기계발 스토리와 명언을 많이 본다 한들, 생활 속에서 직접 해보고 성장하지 않는다면, 소위 긍정적인 기운도 크게 도움이 되진 않는다. 자기계발 스토리는 어찌됐건 남의 이야기다. 명언도 책에만 있는 거라서 다 공감하기는 어렵다. 자기 전 카페인을 섭취해도 일어나면 싹 가시고 없어지지 않는가.

환경과 조건이 좋을수록 자신에게 엄격해야 한다. 또, 뭐 하나 없는 상황에서 문제가 생기면, 타인에게 의존하지 말고 자기가 스스로에게 '슈퍼파워'를 주어야 한다. 그렇게 우리가 마음과 태도를 바꾸면, 부정적인 문제가 도리어 몸을 돌려 따뜻한 미소를 지을 거다.

진흙탕을 탓할 시간도 아깝다

지금 살고 있는 환경이 진흙탕 같아서 벗어나고 싶다는 내용의 편지를 많이 받는다. 수준 떨어지는 학교에 붙어서 부모님께 죄송스럽고 울고만 싶다, 월급은 적은데 일이 너무 피곤해서 그만두고 싶다, 지금 상황에서 어떻게 하면 벗어날 수 있는지, 능력 있는 사람이 되려면 어떻게 해야 하느냐고 묻는다.

그런데 진흙탕 같은 환경을 어떻게 정의하는지 모르겠다. 동료의 아이큐가 떨어지고 사회적 지위가 낮기 때문에? 학교 건물이 별로고 선생님 수준이 롤 모델로 삼을 만큼 높지 않기 때문에? 그래서 진흙탕이라고 말하는 건가? 도대체 당신을 어떤 환경에 데려다 놓아야 자기 미래에 자신감을 가질지, 나도 모르겠다. 당신이 남을 원망할 때 당신도 누군가에겐 원망의 대상일 수 있다. 지금 환경이 별로고 주변 사람들의 수준이 떨어진다고 불평할 때, 당신도 남들 눈에 수준 낮은 사람으로 보일지 모른다.

정말로 역경에 부딪혔거나 진심으로 진흙탕 같은 환경에서 벗어나야겠다고 생각한다면, 여기저기 묻고 징징거릴 여유조차 없다. 내 친구의 말을 빌려, "할 일이 없어서 원망이나 하고 있는 거야. 할 일이 있는데 그럴 시간이 어디 있겠어."라고 대꾸해주고 싶다. 나는 이 말을 기억해 두고 원망이 생길라치면 나 자신에게 할 일이 없어 그러냐고 묻곤 한다.

나도 명문 대학 출신은 아니다. 지금은 우리 학교도 괜찮은 학교라고 생각하지만 입학 당시에는 만족스럽지 않았다. 하지만 입학하고 열흘째에 깨달았다. 내가 그냥 대입시험을 망쳤을 뿐이고, 이런 학교에 다닐 사람이 아니라는 걸 증명하려면 악착같이 공부해야 한다는 사실을. 성실하고 똑똑해야 하며 안목도 기르고 고생도 마다하지 않아야 한다는 사실을. 그때 나는 궁지에 몰렸다고 생각했고 머리엔 오로지 한 가지 생각뿐이었다. 남들처럼 불평을 늘어놓거나, 수업에 빠져가며 연애나 해볼까 하는 생각을 할 여유도 없었다. 오직 긍정적인 기운으로 가득해서 아침이면 새로운 태양을 향해 나섰다.

내일 태양이 반드시 뜰 거라고 어떻게 확신하느냐고 묻는 사람이 있을 수도 있다. 그런데 확신이 필요하지는 않다. 미래는 스스로 개척하는 것이니까. 목표를 세우고, 꿈을 정하는 것은 연애와 비슷하다. 연애 대상을 찾으면 온몸에 에너지가 넘쳐난다. 이 사람이면 나쁘지 않다, OK라는 생각이 들면 연애를 시작한다. 앞으로 어떤 미래가 펼쳐질지 아는 사람은 없다. 노력했다고 꿈이 반드시 현실이 되지도 않는다. 하지만 오늘 노력하면 어제보다 나은 하루가 기다린다. 예상에 못 미치는 결과라고 해도 아무 일도 하지 않는 편보다는 훨씬 낫다.

대학 때, 영어 공부에만 몰두했다. 베이징대나 칭화대 학생만큼까진 아니어도 그 수준에 최대한 가까워지려고 노력했다. 그들이 치는 시험은 나도 쳤고, 그들처럼 공부하려고 도서관의 어학 자료와 책을 모조리 대출해 하나씩 독파했다. 한번은 졸업 모임에서 한 동기가 정색하며 말했다. "너는 그냥 영어 좀 한다고 취직 잘된 거잖아. 그게 뭐가 그렇게 대단하다고." 그래, 나 영어 잘해서 좋은 직장에 들어간 거 맞아. 그런데 졸업할 때, 넌 그마저도 없었잖니. 잘난 척하려고 하는 말이 아니다. 노력과 시간을 들여야만 어제보다는 오늘이, 오늘보다는 내일이 더 좋아질 수 있다. 빈털터리가 되어도 뭐라도 잘하는 게 있다면 굶어죽진 않는다. 세상에서 절대 손해 보지 않는 투자는 자신에 대한 투자다.

나는 A를 좋아하는데 지금 하는 일이나 전공은 B다. A를 독학하려고 하는데 어떻게 공부해야 하느냐고 묻는 사람들이 있다. 대학까지 합쳐 무려 16년을 공부해왔다. 그런데 어떻게 공부해야 하느냐고 묻는다면 나도 뭐라고 해줄 말이 없다.

이런 질문을 하는 의도는 분명하다. 공부 방법이 아니라, 지름길을 알고 싶은 것이다. 공부 안 하고도 시험을 잘 치는 방법, 매일 먹고 마시며 놀아도 단어 암기가 잘 되는 방법, 아침 10시에 일어나고 밤 10시에 자면서도 직장에서 스트레스 안 받고 높은 연봉을 받는 방법, 퇴근 후에 텔레비전도 보고 실컷 놀아도 도태되지 않고 새로운 것을 배울 시간이 남는 방법 등등을 궁금해 한다.

사실 만인에게 다 통하는 공부 방법은 없다. 스스로 해보고 부딪히며 찾아낸, 자신에게 맞는 방법이 가장 좋은 방법이다. 그리고 아무도 시간을 나눠주진 않는다. 늦게 자고 일찍 일어나서 시간을 아껴 쓰면 모를까. “단어가 도무지 안 외워지는데 어떡하죠?”라고 묻는 사람이 있다. 그런데 정말 머리를 써서 외웠는가? 못 외우면 회초리를 맞거나, 외우면 만 위안을 받을 수 있다고 하는데도 과연 안 외워질까?

이런 글을 본 적 있다. “수업을 하다 보면 선생님이 정답을 말해주길 기다리는 모범생들이 보인다. 그런데 선생님이 그런 친절을 베풀지 않는다는 사실을 알고 나면, 뭘 어떻게 해야 할지 모르겠다는 멍한 표정으로 앉아 있다. 또한 정답이 정해져 있지 않은 문제를 던져주거나, 자유 주제로 글을 써보라고 하면 당황한다.

자신이 어떤 부분에서 실수를 했는지 모르는 걸 두려워한다. 그들은 자기 마음속에 있는 두려움 때문에 타인의 칭찬과 인정을 얻지 못하면 자신에 대한 믿음이 없어진다."

우리는 늘 교육제도에 문제가 있다고 비판하지만 교육제도와 상관없이 이런 유형의 사람이라면 항상 같은 어려움을 겪을 것이다.

가난한 집에 태어나 부모님의 기대가 부담스럽다며 징징거리지 마라. 돈 있는 집이나 권력 있는 집의 부모도 자식에 대해 기대하는 것은 매한가지다. 중요한 것은 태도다. 부모님이 주신 게 없다고 원망하지 말고 20대가 된 후에 부모님께 무엇을 해드렸나 생각해 보자.

그리고 자신이 어떤 목표를 세웠고 어떤 노력을 했고 어떤 문제가 있었는지 진지하게 생각해 보자. 행동에 옮기면 원망하지 않을 거라 믿는다.

짝퉁 인생이 될 필요는없다

우연히 예전 상사였던 캔디를 만났다. 신이 나서 한 시간 가량 수다를 떨었다. 캔디가 말했다. "대학 3학년에 처음 봤을 때도 사무실에 앉아 일할 애로는 안 보였는데. 지금도 여전하네! 그냥 놀러 다니는 애 같아, 하하!"

"그러니까요. 저기 사무실에 있다 나온 사람으로 안 보이죠? 그런 게 반전 매력이잖아요." 캔디의 말이 기뻤다. 그래도 아직까지 난 찍어낸 듯 똑같은 짝퉁이 되진 않았나 보다.

캔디가 말했다. "그대로여서 다행이다. 다른 사람처럼 변하지 마. 개성을 지키는 사람이 별로 없잖아. 그만큼 어려우니까. 너를 보면 다들 독특하고 재미있다고 생각할 걸. 늘 지금처럼만 있어라."

그때 핸드폰에 메일 알림음이 울렸다. 어떤 네티즌이 보낸 긴급 메일이었다. 나더러 성격을 바꿔서 성공했냐고 물었다. 자기도 성공을 위해서 성격을 바꿀까 고민 중이라면서.

평소에 많이 받는 고민 상담이다. 자기 단점이 이러이러해서 고치고 싶다. 그래서 늦게 자고 일찍 일어나고, 단어를 외우고, '○○○'이 되어야 한다고 자신을 다그친다는 내용이다. 왜 자기 자신을 왜곡하려고 할까? 위로 자랄 나무를 강제로 아래로 자라게 하면 모양이 이상해지면서 가지들이 얽히고설키게 된다. 더 무서운 건, 뭔가 잘못됐다는 사실을 알고도 그냥 손 놓고 있어서, 얽히고설킨 가지들이 헤어나올 수 없는 곳으로 파고들어 간다는 것이다.

얼마 전 팔다리 없이 전 세계를 누비는 희망 전도사, 닉 부이치치의 동영상을 보고, 닉 어머니의 말에 감동했다. "닉은 사지가 없다는 것이 큰 결함이라고 생각하지 않았어요. 그냥 아주 사소한 부분이 없다고만 생각했지요. 그래서 어릴 때부터 밝았고 유쾌한 아이였답니다. 어른이 된 지금은 혼자 신문을 보고, 낚시하고, 연주하고, 전 세계를 돌며 강의를 해요. 아들의 연주를 들으면 뭔가 뭉클하고 감격스러워요."

닉이 말했다. "저를 처음 보고 다들 난감해 하면서 불쌍하다고 생각했을 겁니다. 하지만 제 이야기를 다 들은 지금, 아직도 제가 불쌍하다고 생각하세요? 아니죠? 왜냐하면, 여러분이 저를 좋아하기 시작했기 때문입니다. 저를 정상인으로 본 거지요. 지금 여러분은 저의 내면을 좋아하는 겁니다. 그렇지 않나요?"

그렇다. 닉이 좋다. 사지가 없어도 괜찮다. 불쌍하다는 생각도 안 든다. 사지가 없지만, 내면이 강하고 삶을 사랑하는 닉이 정말 좋다. 지금 이 순간, 내가 보는 것은 닉의 내면이기 때문이다. 그는 정말 재밌는 사람이다.

캔디가 어떤 여자가 되고 싶으냐고 물었다. 심오한 질문이다. 사실, 나는 그냥 나 자신이 되고 싶다. 메일로 이렇게 묻는 사람이 있다. "홍보전문가로 일하면서 기획을 하고 싶은데, 전공은 이공계 쪽이에요. 어떻게 하면 좋을까요?" 여보세요, 내가 어찌 알겠습니까. 당신 자신도 모르는 일을 내가 어떻게 알겠는가. 그렇지 않은가?

사람마다 처한 상황이 다르다. 그래서 자기 마음의 소리에 귀 기울이고 마음이 원하는 대로 자신의 길을 걸어야 한다. 그 길은 꼭 가시밭길이 아닐 수 있다. 흰 구름이 떠다니고 미풍이 부는 한가롭고 자유로운 길일 수도 있다. 그리고 전부 다 출세의 길을 걸을 필요도 없다. 소박한 성공에 만족하면 안 된다고, 새벽 6시에 못 일어났다고 종일 후회할 필요도 없다. 나도 늦게까지 미적거리다가 늦게 잠이 들고 아침 늦게까지 기절한 듯이 잔다. 나는 소박한 성공과 비만 피할 수 있는 작은 집에 만족한다. 또, 주방에서 직접 만든 예쁜 천연비누를 잘 말려서 친구들에게 나눠주는 것이 꿈이다.

우리는 살면서 '재미'를 추구해야 한다. 재미가 있어야 삶에 생동감이 넘친다. 하지만 사람들은 좋은 교육환경과 내세울 만한 경력에만 집착한다. 그래서 내내 자신을 다그치고 마음과 상반되는 일을 자신에게 종용한다. 그리고 학력이 좋고 경력이 화려한 자신을 잘났다고 생각한다. 하지만 사실, 경력과 학력을 빼면 당신은 속 빈 강정에 지나지 않는다.

당신은 자신을 드러내지 않고 몸을 최대한 낮추고 살아가지만 불평불만이 끊이질 않는다. 상사가 이상하고, 사회가 우울하고, 세상이 돈과 권력에 빌붙고, 삶이 엉망이라고 욕한다. 이렇게 엉망으로 꼬여버린 상황은 당신이 자초한 거다. 마음이 가르쳐준 방향으로 가지 않아서 생긴 일인데 누굴 원망하는 건가?

캔디가 나를 뽑은 이유는 분명했다. 독특한 사람을 찾고 있었는데, 다들 천편일률적이라 재미가 전혀 없었다. 하지만 내 이력서에 쓰인 남다르고 재미있는 경력들을 보고 흥미가 생겼다고 했다. 면접 자리에서 캔디와 나는 두 시간 동안 대만 가수 저우제룬의 노래와 앨범에 관해 이야기했다. 그리고 결국 나를 채용했다.

내가 사무실에 앉아 있을 사람처럼 보이지도 않았고 트러블 메이커가 될 거라는 걱정도 있었단다. 하지만 일을 시작한 내가 매일 일을 마치면 책상을 고치거나, 바닥 카펫을 만지작거리거나, 사무실의 병과 캔을 가지고 화학실험을 하는 모습을 보면 신선했다고 했다.

나 때문에 여러 명이 걱정하고 괴로웠을지는 모르겠으나, 나는 전혀 변하지 않았다. 오히려 나다움을 지키며 좌절을 겪을수록 용감해졌다. 가끔 시끄럽다고 사무실에서 쫓겨나서 브레인스토밍 토론 팀에 가서 잡담을 나눌지언정. 타고난 성격은 바꿀 수 없다. 더불어 영원히 사라지지 않을 용기도 잘 간직하고 있다.

천성적인 성격과 용기가 우리 마음에 늘 있다. 단지 당신에게 세상의 때가 묻고 외부의 압박 때문에 마음에 자리한 성격과 용기를 억압할 뿐이다. 우리에게는 각자 자신만의 장점이 있다. 타인이 당신을 개성 있는 사람이라고 기억한다면, 당신은 자신다운 사람이다. 그리고 자기 자신을 억압할 거면 제발 아무것도 묻지 마라. 그냥 참아야지 어쩌겠는가. 당신이 어떻게 해야 할까 생각해주는 사람도, 답을 줄 사람도 없다.

사회란 무엇인가? 사회는 용광로와 같다. 당신이 큼지막한 석탄 조각이라면 제일 먼저 용광로에 던져질 거다. 그래서 자기가 사회의 인정을 받았다고, 역시 자기는 멋진 사람이라고 자부한다. 하지만 마지막에 가서야 흔한 쇳덩이의 일부분에 지나지 않은 자신이, 있으나 마나 한 존재라는 사실을 깨닫는다. 반면 나는 자그만 알탄으로 남고 싶다. 이름도 모르는 좁은 길에 버려질 테니 어쨌든 살아남을 수 있다. 나는 늘 작은 알탄이었고 앞으로도 그렇게 살고 싶다. 바람과 태양을 만끽하며 하나밖에 없는 알탄으로 살고 싶다.

자신다움을 간직하라. "이렇게 바뀌어야 해, 저렇게 바뀌어야 해."란 말만은 하지 마라. 대신 "나는 뭘 잘할까. 나만의 장점을 최대한 살려서 나만의 길을 가자."고 마음먹어라.

저기요, 너무 많이 바라시는 거 아닌가요

베이징에서 10년 동안 열심히 산 부부가 있다. 안 먹고 안 쓰며 돈을 모아 계약금이 100만 위안인 집을 마련했다. 멀리 떨어진 고향에 계셔 자주 뵙지 못했던 부모님도 모셔왔다. 이제 남은 생에 부모님을 몇 번이나 더 뵐 수 있을까 세지 않아도 되었다.

이 부부의 이야기를 보고 글 하나가 생각났다. 제목이 '집값, 그리 비싸지도 않다.'였다. 글쓴이는 졸업하고 돈을 모아 집을 샀다. 처음엔 선전 변두리에 10만 위안짜리 집을 사서 집값이 오르면 팔고, 또 다른 집을 사서 팔고 하는 식으로 돈을 불려 시내에 있는 집을 샀다. 내가 글을 읽을 당시에 벌써 다섯 번째 집을 사고팔았다고 했다. 똑똑하고 부지런한 사람이라는 걸 알 수 있는 대목이다(나는 집을 공짜로 줘도 못 할 것 같다). 그런데 글쓴이의 동료는 집값이

어마무시해서 살 엄두가 도저히 안 난다고 했다. 동료는 시내 중심에 위치하고 교통과 생활이 편리하지만, 집값은 변두리에 있는 집만큼 싸길 바랐다. 그런데 씀씀이가 헤퍼서 저축을 안 했다. 그러니 당연히 집값이 비싸다고 느낄 수밖에.

나도 부동산 대출을 갚고 있고 집값이 싸다고는 생각하지 않는다. 하지만 대비되는 두 여성의 이야기를 보면서 무언가를 얻으려면 하나는 포기해야 한다는 점을 깨달았다. 삶은 우리에게 전부 주진 않기에 분명 우리가 놓치고 있는 부분도 있을 거다. 그래서 안 먹고 안 쓰며 생활한 부부는 10년 동안 여유로운 삶을 포기했다. 작업복은 단벌로 버티고, 광고용으로 받은 공짜 마우스 패드를 썼다. 매달 '내 집 마련 계좌'에 돈을 넣는 것이 부부에게 가장 행복한 일이었다. 그렇게 10년이 흘러 큰 집을 샀고 부모님을 모셔왔다. 부부는 도시에서 꿈을 향해 나아갈 보금자리를 마련해서 정말 행복했다. 타향살이의 고달픔을 상쇄하고도 남을 만큼 큰 행복이었다.

두 번째 주인공은 평범한 아가씨들과 달랐다. 쇼핑과 문화생활을 즐길 수 있는 시간과 기회를 포기하고 부동산 거래에 집중했다. 보금자리를 마련하려고 차근차근 준비하고 계획했다. 남처럼 집값이 터무니없이 비싸다고, 이놈의 정부는 우리더러 어쩌라는 말이냐고 징징거리며 불만을 늘어놓지도 않았다.

삶은 전부 주지 않는다. 특히 당신이 아무런 노력을 하지 않았다면 더더욱 그렇다. 대학에서 막 졸업한 친구들이 바빠 죽겠다고 푸념할 때가 있다. 사람도 만나고, 놀러도 다니고, 푹 쉬고, 잠도 많이 자고, 잘 먹어서 피부도 윤기나게 가꾸고 싶다. 또, 일을 잘해서 돈도 많이 벌고 실력도 키우고 싶다. 그렇게 다 하려니 시간이 너무 부족한데 어떻게 균형을 맞춰야 하느냐고 묻는다. 그런데 미안하지만, 균형을 이룰래야 이룰 수가 없다. 누구나 마찬가지다. 바라는 게 너무 많은 거 아닌가? 미친 듯이 노력해야 남들 눈에 여유 있어 보인다. 그리고 세상엔 공짜도 없고 헛된 고생도 없다. 진짜 소중한 일에 더 마음을 쓰고 더 꾸준히 하라. 어떤 노력을 했고 얼마나 꾸준히 했는지는 바로 눈에 보인다.

최근 몇 년 동안 나는 많은 것을 놓쳤다. 매일 집에 박혀 책을 읽고, 글을 썼고, 주말에도 집에만 있었다. 그래서 계절이 어떻게 바뀌고 풍경이 어떤지도 모른다. 베이징에 8년이나 살았는데도, 안 가면 서운하다는 필수 관광지가 어디 있는지조차 모른다. 오랜 시간 함께 할 수 있었던 친구들도 그저 스쳐 가는 사람이 되어버렸다.

하지만 얻은 것도 있다. 내게 맞는 일을 찾았고 글 쓰는 일에서도 조금이나마 성과가 있었다. 그리고 성숙하고 단단해졌고 돈도 벌어서 가족 모두 편안한 삶을 살고 있다. 나는 욕심이 없고 많이 바라지도 않지만, 적어도 내가 무슨 노력을 했는지는 확실히 안다. 그리고 노력이 가져다 준 어떤 결과든 달게 받을 거다.

물론 내 삶도 그리 순탄치만은 않았다. 하루하루가 엉망진창이어서 잠도 잘 못 자고 마음이 불안한 적도 있다. 하지만 그 순탄하지 않았던 시간이 고맙다. 사는 게 다 그런 거라는 걸 알게 해줬으니까.

신은 공평하다. 얻은 게 있다면 다른 걸 조금 손해 봐도 괜찮다. 하나를 얻으면 곧 큰 시련이 닥칠 거다. 신이 무얼 주셨는지 따지지 말고 자신이 어떤 노력을 했는지 먼저 생각해라. 신은 인생 전체에 걸쳐 당신에게 주실 것들을 준비해 두셨다. 그리고 서른 살 전에 한꺼번에 몰아서 다 주시진 않는다. 만약 서른 살 전에 전부 얻었다면, 앞으로 좋은 일이 별로 없겠거니 생각해라.

노력하자,
그래야 여유가 보인다

한동안 몸매를 가꾸려고 일주일에 세 번씩 헬스장에 갔다. 시간을 정해 PT를 받는 거라서 일찍 일어나야 했다. 늦게 자고 일찍 일어나려니 힘들었다. 그래도 나는 한번 마음먹으면 끝까지 하는 사람이다. 특히나 진심으로 하고 싶은 일은 중도에 포기하지 않는다. 그래서 몇 시에 자든 아침이면 어떻게든 일어나 헬스장으로 향했다. 달랑 세 시간 자고 운동하는 날도 있었다. 이런 날은 체력이 심하게 떨어졌지만 일찍 일어났다는 뿌듯함으로 보충이 되었다.

사실 이른 기상은 정말 힘들었다. 알람이 계속 울려도 못 일어나고 20분 정도 미적거렸다. 졸려 죽겠는데 운동은 무슨 운동이야. 출근도 해야 하는데. 하지만 헬스장에 가면 샤워를 마치고 옷을 입고 있는 사람들이 보였다. 진짜 부지런하다! 대체 몇 시에 오는 걸까? 그냥 씻으러 오는 사람들이라고 해도 이렇게 일찍 와서 샤워하는 것도 대단하다 싶었다. 운동도 만만치 않았다. 강도가 높아지면서 점점 어려워졌고 간단하고 쉬워 보이던 동작이었는데 직접 해보니 힘들었다.

나는 몸매를 만들려고 왔지만 다이어트에 여념이 없는 사람도 많이 보였다. 러닝머신을 한 시간씩 뛰고, 땀에 젖은 수건을 바꾸려고 들락날락하는 모습을 보면서 감탄을 금치 못 했다. 내가 살이 쪄도 저렇게 할 수 있을까? 자신이 없었다. 어쩌면 헬스장에 올 용기조차 없었을지도 모른다. 다이어트에 성공한 사람의 변화는 정말 놀랍다. 그리고 일찍 일어나 운동하는 것이 얼마나 힘든지 알고 나니까 수십 일, 수백 일 동안 하루도 빠지지 않고 운동하는 그들의 노력이 감탄스러웠다. 그 고통과 땀이 느껴지는 듯했다. 단순히 '꾸준하네', '의지력이 강하네' 등으로 표현하기에는 부족하다.

어떤 이야기를 보고 특히 감동했던 대목이 있다. 이야기의 여주인공은 10cm 하이힐을 신고 온종일 고객을 상대하느라 바빴다. 이런 모습을 보고 사람들은 그녀가 얼굴이면 얼굴, 다리면 다리, 뭐 하나 빠지는 게 없는 타고난 미인이고, 하이힐을 신는 것쯤은 거뜬하다고 생각했다. 하지만 누가 알았으랴. 까진 상처에 스타킹이 눌어붙어서 소독약을 발라야만 겨우 떼어낼 수 있었다는 것을.

'내 룸메이트는 세컨드'라는 글도 떠올랐다. 글의 주인공인 세컨드는 매일 6시에 일어나서 운동을 하고 아침은 새 모이만큼만 먹는다. 그리고 매일 서너 시간 피부 관리를 하고 각종 건강식품과 콜라겐도 챙겨 먹는다. 머리부터 발끝까지 완벽하게 단장을 마치고 밤이 되면 고급 승용차가 그녀를 데리러 온다. 그러고는 한밤중이 돼서야 돌아온다. 세컨드도 그냥 되는 게 아니구나. 이 글의 작가는 룸메이트의 노력에 감탄했다. 무언가를 거저 얻는 사람은 없다. 노력하지 않으면 그녀처럼 아름다운 외모와 몸매를 가질 수 없다. 물론 세컨드가 떳떳하다는 말은 아니지만, 우리가 쉽게 이뤘다고 생각한 일 이면에 힘든 노력이 있다는 점을 알아야 한다. 타고나길 예쁘게 태어났다기보다는 외모에 쏟은 노력의 산물이다.

아래 글은 나를 일찍 일어나게 했던 자극제였다. 여러 계층의 가정에서 자란 어린이 50명의 미래에 관한 글이다. 글쓴이는 다음과 같은 결과를 도출했다. 부유한 중산계층에서 자란 아이들은 50세가 되어서도 괜찮은 외모와 몸매를 유지한 반면, 빈곤계층에서 성장한 아이들은 대부분 머리가 벗겨지고 배가 나오거나 비만이었고 그들의 부인도 뚱뚱했다.

> 많은 이들이 선천적으로 주어진 좋은 환경에서 받은 교육과 사

회적 환경에만 주목한다. 좋은 삶의 질과 생활습관이 몸매를 유지하는 데 큰 영향을 미친 건 사실이지만, 더 중요한 점은 가정에서 배운 엄격한 자기관리 정신이었다. 겉으로 보이는 몸매 뒤에는 수많은 노력이 숨겨져 있다. 따라서 오랜 세월 좋은 몸매를 유지하고 변함없이 목표를 향해 나아가는 사람들에게 존경심을 가져야 한다. 그들의 보이지 않는 노력은 우리의 상상을 뛰어넘을 수도 있다.

이 글을 보고 경각심이 생겼다. 그 전까지는 내 멋대로 사는 삶이 자유롭고 멋지다고 생각했다. 그런데 늘 불안하고 혼란스럽다. 요가매트는 1년이나 방구석에서 썩고 있다. 침대에 누우면 운동도 안 하는 내가 밉다. 그러다가 한밤중에 배가 고프면, 안 된다고 생각하면서도 과자를 입에 넣는다. 스무 살 때는 이걸 자유라고 부를 수 있었지만 서른에는 생각하기 싫은 결과로 이어질 수 있다.

아침 8시, 자전거를 타면서 헬스장을 둘러보았다. 러닝머신 위를 달리는 사람, 기합을 지르며 힘겹게 역기를 드는 사람, 플랭크 동작을 버티느라 혀를 내미는 사람…. 그들을 보면서 여유로운 삶은 꾸준한 노력이 밑받침됐을 때 가능하다는 생각이 들었다. 매일 아침 알람 소리에 괴로워하고 코치에게 연락해 운동을 미루고 싶을 때, 나는 자신에게 엄격해야 한다고 타일렀다.

아침 운동은 건강에도 좋았지만 정신적으로 더 큰 만족감과 자신감을 가져다주었다. 어지럽지도 않았고 비몽사몽 하루를 보내지 않게 되었다. 늦게 자고 일찍 일어나도 에너지가 넘쳤다. 잘 웃고, 자신감 넘치고, 심지어 싸울 때도 활력이 넘쳤다. 마치 체력이 바닥나지 않는 중고등학교 시절로 돌아간 것 같았다. 아침 운동을 시작하고 자신감은 엄격한 자기관리에서 온다고 믿게 됐다. 노력해야 한다. 그래야 여유가 보인다.

하나뿐인 당신으로 오늘을 살아라

예전엔 최소한 5년이라도 인생계획을 세워야 한다는 말을 믿었다. 5년 뒤에 어떤 사람이 되고 싶다고 목표를 정하고, 1,825일 동안 매일 자신이 어떤 일을 했는지 확인하라고 했다. 나도 그렇게 해봤다. 계획대로 컴퓨터 앞에 앉아 글을 쓰거나, 책장이 좀처럼 넘어가지 않는 책을 보거나, 의미 없지만 이득이 되는 일과 목표로 정한 일들을 하거나, 인맥관리 한답시고 술자리에 가식적으로 앉아 있곤 했다.

목표를 어느 정도 달성하면, 남들이 나를 인정하고 부러워하는 것처럼 보였다. 하지만 뭔가 계속 놓치고 있는 느낌이었고, 내 꿈과 마음속 따뜻함이 사라진 것 같았다.

그 시절의 기계 같았던 내가 싫다.

그 후 인생 5년 계획, 업무 3년 계획 등은 세우지 않는다. 그래서 무슨 계획이 있느냐는 질문을 받으면 없다고 대답한다. 그러면 사람들은 말한다. "말하기 싫은가 보네요. 하긴 원대한 계획을 남한테 막 알려주면 안 되죠. 특히 당신처럼 똑똑한 사람이 말이에요."

진짜 없어서 없다고 말한 건데. 계획 없이 살았더니 예상치 못한 일들이 일어났다. '혼자 걷는 고양이'란 블로그가 탄생한 것도 예상 밖이었다! 내 대만 여행기가 대만에서 출간되고 사인회를 한 것도 마찬가지다. '작가'의 신분으로 두 번째 대만 땅을 밟은 것도 그렇고.

서점에 가면, "25세 전에 꼭 해야 할 일", "30세 전에 꼭 가야 할 곳", "40세에 꼭 알아야 할 인생철학" 등의 서적이 쌓여 있다. '나이'와 어떤 '강조어'를 엮어서, 00세가 됐는데도 ○○을 못한다면, ○○을 모른다면, ○○에 가보지 못했다면 당신의 인생은 때를 놓치고 실패했다고 말한다.

그래서 사람들은 너도나도 할 것 없이 자신의 삶과 책을 비교하고, 표준답안대로 하려면 어떻게 하나 지치고 막막한 표정을 짓는다. 그리고 혹여 뒤처질까 겁이 나서 죽자 사자 남을 따라잡기 위해 애쓴다. 남들 따라서 정한 목표를 향해 앞만 보고 달리느라, 정작 인생의 다른 부분을 놓친다. 이런 사람들은 한 '과목'에만 치중하느라 개성을 잃고 재미없는 사람으로 변한다.

한꺼번에 여러 가지 일이 터져서 사는 게 부쩍 빡빡했던 때가 있었다. 그래도 어쨌든 여덟, 아홉 시간은 꼼짝하지 않고 잤다. 하지만 머리는 항상 긴장상태였고 그대로 가다간 정신병에 걸릴 것만 같았다. 그때 내 독자라는 대만 요리사를 만났다. 대만 사람이었지만 중국 본토에 살고 있었다. 변호사를 그만두고 요리를 했고 유쾌한 뚱보였다. 먹는 게 좋아서 요리하다 보니, 음식 맛이 레스토랑 빰칠 만큼 좋아졌단다. 그는 먹는 거에 환장하는 식탐 왕이었다. 우리는 대화를 한참 나눴다. 그는 내게 함께 남방에 가서 요리를 배우자고 꼬드겼다. 그리고 나는 그에게 베이징에 와서 내게 요리를 가르쳐 달라고 꼬드겼다. 내가 친구들에게 이 이야기를 하자 하나같이 시니컬한 반응이 돌아왔다.

"번개 결혼이라도 할 셈이야?"

"요리가 네 일이랑 무슨 관련이 있어? 뭐 조금이라도 도움이 되면 배우고, 아니면 때려치워."

"얼른 돈 벌어서 집 사고 차 사야지. 평생 남의 집에서 살 거니?"

"요리사가 널 부자로 만들어 준다니? 결혼해서 집이랑 차를 사거나 일해서 돈 벌 생각을 해야지!"

그 요리사만이 달걀이 열을 얼마나 흡수하는지, 거품이 얼마나 나는지, 어디 가면 싸고 좋은 냄비를 살 수 있는지 인내심을 가지고 말해주었다.

왜 늘 목적이 있어야 하지? 왜 마음 가는 대로 하면 안 되는 거지? 왜 아무 때나 시작하면 안 되는 거지? 왜 나이에 따라 해야 할 일이 정해져 있는 거지? 그렇다면 마음은 뭐하라고 있는 걸까?

계획에 따라 살 때는 매일 밤 집에 돌아와 계획이 적힌 공책을 펴서 그 날 한 일을 하나씩 지웠다. 그리고 하지 못한 일을 보고 후회하고 죄책감을 느끼며 잠이 들었다. 아침에는 머리가 지끈거려서 일어나기 싫었다. 공책에 빼곡히 적혀 있는, 기계적으로 해야 할 일이 두려워서였다. 일을 다 하고도 뭘 했는지 기억이 안 났다. 생각 없이 기계적으로 했기 때문이었다. 그런 날들이 내 삶에 어떤 흔적을 남겼는지 전혀 기억나지 않는다.

하지만 계획을 포기한 뒤 변화를 느꼈다. 블로그를 시작하고 나서였던 것 같다. 매일 다른 일, 다른 사람, 다른 목소리를 들었다. 계획 없이도 많은 일을 하기 시작했다. 대만에서 저자 사인회를 앞두고 긴장하고 불안했던 것처럼, 많은 일에 대해 준비를 충분히 하지 못했다. 하지만 일을 즐기고 삶에 집중했다. 계획이 없어서 혼란스러웠지만, 삶에 잔잔한 파문이 생겼고 갑작스러운 일을 처리하는 법을 배웠다. 그리고 순서에 따라 규칙을 지키며 대응했다. 그렇게 변화가 생기면 두려워하며 어찌할 바 몰랐던 생활에 안녕을 고했다. 나는 용감하고, 강하고, 선량하고 따뜻한 지금의 내가 좋다.

진정한 나를 찾아 나란 존재의 퍼즐을 다시 맞추고 있다. 내가 좋아하는 내 모습을 다시 만들기 위해서, 계획했던 많은 일을 포기했는지도 모른다. 하지만 변한 내가 좋다.

SNS 스타인 '숙제공책' 님이 쓴 글이 나를 응원하는 말처럼 들린다. "타인의 충고, 타인의 명언, 타인의 부자 되는 방법, 타인의 인생철학, 타인의 처세술, 타인의 직장 생활 노하우, 타인의 성공스토리, 타인의 미래, 타인의 지혜 사전, 타인의 인생 예술…. 이런 타인이 아닌 하나뿐인 당신으로 유쾌하게 살아라. 이따위 허무맹랑한 말을 보면 지루하고, 세속적이고, 경쟁하고, 재미없는 사람이 되는 거다."

미래의 당신이 현재의 당신을 미워하지 않도록 해라.

나는 지금도 내가 좋아하는 내가 되기 위해 노력한다.

2장

행동하면 다시는 후회하지 않는다

어디든, 어떤 상황이든, 나다운 내가 최고라고 믿어라. 넘지 못 할 산도, 극복하지 못 할 어려움도 없다. 어려움을 딛고 돌아보면 깨닫게 될 거다. 그 모두가 그저 지나가는 바람과 같았음을.

당신이 잠든 사이,
누군가는 노력하고 있다

주디를 처음 만났을 때, 그녀는 158cm에 80kg이었다. 내 몸의 족히 두 배처럼 보였다. 같은 회사에서 일하면서, 주디가 아예 굶거나, 소식하거나, 호박만 먹는 모습을 늘 보았다. 하지만 실제로 살이 빠지진 않았다. 그래서 주디가 입으로만 다이어트를 한다고 생각했다. 어쨌든 80kg에서 벗어나질 못했다. 이틀 굶고 러닝머신 한다고 다이어트에 성공하는 것은 아니지 않은가. 그런데 1년 뒤 주디가 65kg까지 뺐다는 말을 들었다. 158cm에 65kg을 말랐다고 할 수는 없어도, 15kg 감량이 어디인가. 인터넷에서 살이 빠진 주디의 사진을 봤다. 확실히 훨씬 예뻐졌다.

그 뒤 주디는 49kg까지 뺐고 책도 썼다. 나도 한 권 받아서 읽어 보았다. 역시 사람은 동기가 있어야 하는가 보다. 사랑이 주디의 동기였다. 이 황당한 아가씨는 호리호리한 초등학교 동창을 좋아해서 치열한 다이어트 전쟁을 벌인 것이었다. 일년 내내 남이 점심을 먹는 시간에 건물 주위를 뛰었고 남이 회식할 동안 걸어서 집에 갔다. 또, 남이 앉아서 회의할 동안 서 있었고 상다리가 부러질 만큼 음식을 차려주어도 눈 하나 깜짝 안했다. 오로지 마음속의 남자만 생각했다. 온 가족이 한국 드라마를 보는 밤에도 밖에 나가 집 주위를 여덟 바퀴씩 돌았다. 올림픽을 준비하는 선수나 정신병자처럼 보일 만큼의 피눈물 나는 노력이었다.

주디의 이야기는 결국 해피엔딩이었다. 다이어트에 성공해서 그 남자와 연애를 하고 결혼까지 했다. 다이어트의 성공과 함께 일도 승승장구해서 자기 회사도 차렸다. 사랑하는 남자와 함께 있어서 그런가 일도 꿀맛 같았다. 가끔 사람들이 다리와 허릿살을 어떻게 빼느냐고, 다이어트를 어떻게 하느냐고 묻는다. 시간도 없고, 힘도 없는데, 어떻게 하면 빠른 시일 안에 요요현상 없이 다이어트에 성공하느냐고 묻는다. 이렇게 다이어트에 관한 질문을 받으면 주디가 생각난다. 주디의 이야기는 다 말하기 귀찮을 만큼 길다. 주디의 고생과 노력을 알면 존경심과 감동이 느껴질 거다. 그리고 남이 따라 할 수도 없다. 감탄스러울 만큼 눈물겨운 노력이라서 아무도 따라 할 수 없다. 그래서 오늘 한 번만 여러분과 공유하려고 이 글을 쓰는 거다.

어떻게 하면 하나만 꾸준히 할 수 있느냐고, 어떻게 하면 환골탈태할 수 있느냐고, 어떻게 하면 인생의 새로운 장을 펼칠 수 있느냐고 묻는 사람들이 많다. 그런데 솔직히 나도 모른다. 어떤 일을 정말 하고 싶다면 이런 질문도 하지 마라. 당신은 그냥 누워서, 자면서, 간식을 먹으면서, 드라마를 보면서 힘 하나 안 들이고 멋진 인생을 살 방법이 알고 싶은 거 아닌가?

잠깐 헬스에 미친 적이 있다. 일찍 일어나 헬스장에 가지 못하면 한스러울 정도였다. 하지만 내가 몇 시에 가든 샤워를 마치고 머리를 말리고 있는 사람들이 있었다. 저들은 도대체 몇 시에 오는 걸까, 항상 놀라웠다. 헬스장은 토요일 10시에 문을 열기로 되어 있다. 한 번은 9시 50분에 도착했고, 일찍 일어나 첫 수업을 듣는 자신이 대단하다고 혼자 우쭐대고 있었다. 그런데 트레이너가 벌써 두 번째 수업을 마쳤다는 것이다. 어떤 남자 분이 숨을 몰아쉬고 있었다. 8시 반에 진작 와서 운동을 했단다. 10시는 정식 오픈 시간일 뿐이었다…. 감탄할 수밖에 없었다.

당신 혼자 나는 최선을 다하고 있다, 이보다 더 노력할 순 없다고 생각할 때, 늘 당신보다 독한 사람들이 있다. 세상에 위대한 사람들은 당신이 잠든 사이에 목숨 걸고 노력하는 사람들이다. 우리는 위인전이나 명언을 보고 마음속으로 맹세하곤 한다. 내일부터 새로 시작하자고. 하지만 여전히 일찍 일어나지 못 하고 퇴근하면 원래대로 소파와 한 몸이 된다. 세상에는 능력과 에너지를 타고나는 사람들이 있다. 당신과 내가 지금 하는 노력으로는 그 사람들의 발끝도 쫓아가기 힘들다.

최근 2년간 비약적인 성장을 보인 핸드폰 회사 마케팅 책임자와 밥을 먹었다. 그가 말했다. "다른 회사들이 우리 마케팅 전략을 따라 합니다. 하지만 그들은 모를 겁니다. 절대 따라 할 수가 없어요. 고객 서비스 전담 담당자만 천 명 정도 있어요. 뉴미디어 쪽 담당자도 수십 명이나 되고요. 누가 SNS에 불만을 올리면 15분 안에 고객 서비스 담당자가 붙어서 바로 해결합니다. 그러니까 고객이 있는 곳이면 우리가 있다고 보시면 돼요. 밖에서는 우리가 얼마나 노력하는지, 얼마나 많은 밤을 꼴딱 새는지 모를 겁니다."

당신이 잠든 사이, 누군가는 끊임없이 노력하고 있다. 세상은 이렇게 냉혹하다.

서투른 일에 도전하는 용기를 갖자

예전에 담당했던 프로젝트에서 TV광고를 찍을 일이 있었다. 감독과 카메라맨이 따로 있었고 나는 콘티, 소품, 촬영장을 챙기고 업무를 조율하는 커뮤니케이션을 담당했다. 어려운 일은 아니었지만 쉽지도 않았다. 그동안의 업무와 관련이 없는 분야라서 한 번도 해보지 않은 일이라는 게 문제였다. 시작 전에 이런 일에 익숙한 동료에게 넘겨야 했지만, 한번 도전해보자는 마음이었다. 생각보다 힘들고 결과가 나쁘더라도 해보고 싶었다.

두 버전으로 콘티를 썼는데, 고객은 마음에 들어 했지만 감독이 좋아하지 않았다. 세 번, 네 번째에 감독이 괜찮다고 하자 이번에는 고객이 탐탁지 않아 했다. 콘티 때문에 여기저기 시달리다 보니 배터리가 방전될 지경이었다. 그래서 다른 사람에게 다시 쓰라고도 해봤다. 그래도 여섯, 일곱, 여덟 번째까지 이 사람은 이게 좋다, 저 사람은 저게 좋다, 의견이 분분했다.

최종 콘티는 출연자를 만나기 직전에 차에서 겨우 결정됐다. 하지만 감독이 두 버전을 만들었다는 사실을 녹음실에 가서야 알았다. 그래서 일단 두 버전 다 녹음하고 다시 결정하기로 했다. 정말 대단한 감독이다. 두 손 두 발 다 들 수밖에.

촬영 전에 감독이 준 리스트대로 소품을 준비하기 위해 동분서주했다. 타오바오, 오프라인 매장, 대형 쇼핑몰, 시장, 시내, 교외, 도시 속 농촌까지 안 간 곳이 없다. 한 번은 타오바오에서 클래식한 느낌의 자전거를 보고 직접 가지러 갔다가, 차가 막히는 바람에 어디인지도 모르는 곳에 옴짝달싹 못하고 있었다. 그러다 한밤중이 되었고 결국 가게 주인이 자전거로 집에 데려다준 적도 있다.

PR에게 가장 중요한 능력은 바로 커뮤니케이션 능력이다. 커뮤니케이션이 그냥 말만 전하면 되는 간단한 일이라고 생각하면 오산이다. 처음 도전하는 광고 촬영은 여러 가지로 조율을 많이 해야 했다. 섭외가 끝난 촬영지에서 갑자기 촬영이 안 된다고 하고, 연예인이 펑크 내는 바람에 사람을 바꾸고, 비싼 촬영지 비용을 절감하기 위해 가격 협상에 혈안이 되고, 감독님이 필요하다고 하면 뭐든 재깍 준비해야 했다.

그밖에 애로사항도 많았다. 하나하나 설명하긴 어렵지만 어쨌든 모두 긴박하고 중요한 일들이었고 진정한 고생은 이런 거구나 생각하게 만드는 일이 빈번했다. 촬영 날에는 새벽 4시까지 스탠바이를 해야 했다. 촬영하는 동안에는 나도 모르게 꾸벅 졸거나 잠이 들까 봐 눈을 부릅뜨고 있었다. 야외 신을 찍을 땐 새벽 6시부터 정오까지 패딩을 입고 핫팩까지 붙이며 견뎠다. 반값 세일 행사할 때 사놓은 핫팩이 3~4일 만에 동났다. 석양을 찍으려고 갑자기 멈출 때도 있었다. 그러다 허둥지둥 다음 장소로 향하느라 섭외지에 전화를 미리 해둘 경황도 없었다.

처음이라 서툴고 당황스러운 일들이 많았고 고생도 많이 했다. 그렇게 완성된 광고를 보니 감동의 눈물이 났다. 낚싯줄을 사 오느라 비린내 난다고 놀림당했던 동료, 집까지 데려다주신 가게 아저씨, 좌충우돌하느라 매끄럽게 진행되지 않았던 일들, 마지막 OK 소리에 활짝 웃던 얼굴들이 몇 분짜리 광고 속에 녹아 있었다.

고객이 내게 말했다. "감독님 옆에서 잘 배우세요. 나중에 영화 찍을 때 도움이 많이 될 거예요." 이번 일로 내가 얻은 것이 비단 이것뿐이랴. 콘셉트에 맞는 콘티는 어떻게 쓰는지, 소품 준비는 어떻게 하는지, 감독이 그런 구상을 왜 했는지, 어떻게 찍어야 영화관에서나 볼 수 있는 화면 각도가 나오는지 등을 배우면서 내 호기심을 충족시킬 수 있었다. 또 접해보지 못한 분야를 배울 수 있는 기회였다. 물론 처음이라 능숙하고 깔끔하게 처리하지 못한 부분이 있었지만 직접 부딪히며 적지 않은 것들을 얻었다.

자신에게 맞는 일을 찾아야 한다고 하면, 자기 장점이 뭔지 모르겠다고 말하는 사람들이 있다. 출근해서 하는 일마다 실수고 괴로운 하루를 보내며 미래가 불투명하다고 걱정한다. 그런데 사실 나도 내가 무얼 좋아하고 잘하는지 잘 모른다. 그저 직접 해보려고 노력할 뿐이다.

원목 가구가 왜 그렇게 비싼지 모르겠단 생각이 들면서 목공에 관심이 생겼다. 그래서 목공 수업을 들어보고 내가 나무 숟가락 하나 제대로 만들 수 없다는 사실을 깨닫고 난 뒤부터는 다시는 비싸다고 투덜거리지 않는다. 비싼 옷을 여러 벌 사고, 디자인이 뭐 그렇게 어렵겠느냐는 생각에 디자인 수업을 신청했다가, 막상 들어보고 두 시간 만에 포기한 적도 있다. 처음부터 자신을 정확하게 아는 사람은 없다. 직접 부딪쳐야 한다. 직접 해봐야 뭘 잘하고 좋아하는지 알 수 있고, 스스로를 더 잘 이해할 수 있다. 텔레비전 앞에 앉아서, 혹은 이불에 누워서 미래를 확실히 보게 하는 마법의 약은 존재하지 않는다.

"고생한 만큼 성장한다."라는 말이 맞다. 하지만 이 말의 뜻을 정확하게 이해하고 직접 행동하는 사람, 또 결과를 얻는 사람이 얼마나 될까? 이런 사람들이 있다. 공무원을 하라고 권했더니, 평생 차나 마시면서 신문을 뒤적이며 인생을 낭비하고 싶지 않다면서 도전적인 일이 하고 싶단다. 하지만 사실 공무원도 쉬운 직업은 아니다. 그래서 이번에는 고생도 좀 하고 자신을 시험해볼 만한 일을 해보라고 했더니, 자신의 개성을 못 살리는 일인 데다가 힘들고 성과도 없을 거란다. 그렇다면 자기에게 딱 맞고 편한 일이 있기나 한 걸까? 사실, 문제의 원인은 하나다. 생각은 많은데 실천을 안 하는 것. 조금 힘들다 싶으면 앞으로 나아가려고 하지 않는다. 물론 자신을 이해하는 일은 결코 쉽지 않다. 이는 친구를 이해하는 과정과 비슷하다. 일련의 일을 겪어야 그 사람을 온전히 이해할 수 있는 것과 마찬가지다.

감독이 이런 이야기를 했다. "감독이란 직업은 쉬운 일이 아니야. 집에 들어가기는커녕 밤낮도 바뀌고 말이야. 작품 하나 들어가려면 에너지가 엄청 들어. 누가 별로라더라, 이런 말이라도 들리면 정말 괴롭지. 그러다 내가 나한테 파이팅을 외치면서 다시 힘을 내. 잘 마무리되면 고객들이 고맙다고 하는데, 사실 고마워할 필요도 없지 뭐. 돈 받고 하는 일인데 당연히 잘해야지."

그때 나는 소품을 정리하고 있었다. 창밖은 어둡고 공기도 차가웠지만 마음이 따뜻해졌다. 우리는 서툴거나 좌절을 맛보게 할 일에 도전해야 한다. 줄기차게 파이팅을 외치며 열정을 태워야 한다. 그 일이 먹고사는 것과 상관없어도 평생 한 번은 도전해보길 바란다. 그 소중한 경험으로 이 세상에 존재하는 많은 일들 중에 결코 쉬운 일이 없다는 점을 알 수 있을 테니까.

피해도 언젠가는 되돌아온다

백수가 된 지 얼마 안 된 친구가 있다. 구직 사이트를 샅샅이 뒤져 면접을 봐도 합격 소식은 좀처럼 들리지 않았다. 면접에 가면 친구가 할 수 없는 업무에 대해서만 물어본다고 했다. 내가 물었다. "다 해본 일 아냐? 그쪽 업계에선 늘 하는?" 그러면 돌아오는 대답이 항상 비슷했다. "다른 사람이 했어. 난 안 해봤어." 아니면 "그다지 좋아하던 일이 아니라서 사장이 시켜도 안 했어. 지금에 와서 필요하게 될지 그때는 생각도 못 했다, 야." 친구의 대답을 듣고 나를 포함한 주위 사람들의 이야기가 생각났다.

올해 서른다섯 살인 선배가 직장에서 겪는 어려움을 털어놨다. 마흔은 다가오고, 아이는 아직 어리지, 부모님도 모셔야 하는데, 직장에선 월급을 적게 받아도 일 잘하고 활력 넘치는 젊은 직원들이 치고 올라와서 스트레스가 이만저만이 아니라고 했다. 설상가상으로, 선배의 업무 능력은 어린 친구들에 비해 뛰어나지도 않았다. 나이 어린 직원들에게 부대끼면서 마음도 편치 않고 종종 눈치가 보이기도 했다. 그렇다고 그만두고 전업주부를 하고 싶진 않았다. 만약에 대비해서 약간이라도 경제력이 필요하니까.

나는 선배에게 왜 지금 같은 상황이 벌어졌는지 생각해 본 적이 있느냐고 물었다. 사실 선배는 남편 벌이가 괜찮아서 아등바등 살 필요가 없다고 생각했다. 일 욕심도 별로 없었고 그럭저럭 잘 피해가자는 심산이었다. 그래서 떠넘길 수 있는 일은 될 수 있는 한 떠넘겼다. 칼퇴근은 당연지사요, 별일 없으면 쇼핑이나 다니고 외모 관리에 시간을 쏟았다. 그래서 지금 같은 상황이 벌어졌다.

당시 스물대여섯 살이었으니 2~30년 정도 직장 생활을 더 해야 했다. 하루 이틀 편하게 사는 건 괜찮았을지 몰라도, 그렇게 시간이 흐르고 5년 뒤부터 남들과 차이가 확 벌어졌다. 사실 돈 있는 남자를 만나서 편하게 사는 건 여자들의 로망이다. 하지만 현실을 보라. 내 선배만 봐도 요리조리 피하며 산 결과가 어떤지 알 수 있지 않은가. 가만히 앉아서 인생이 알아서 길을 닦아주길 기대하지 마라. 당신은 두바이 공주도, 케이트 왕세자비도 아니다. 요리조리 피해 갔던 일들은 언젠간 되돌아온다는 사실을 명심하라.

나는 스물한 살에 인턴을 하고 이듬해 졸업과 동시에 모두가 알만한 대기업에 들어갔다. 어린 나이에 사회생활을 시작해서 그런지 동료들은 대부분 나보다 나이가 많았다. 거의 20대 중반이었는데, 직급이나 월급이 나랑 크게 차이 나지도 않았다. 내가 노력만 하면 저 나이쯤 됐을 때 경제적으로 훨씬 낫겠다고 생각했다. 하지만 3, 4년 뒤, 20대 중반이 되고 보니, 현실은 예상과 달랐다. 그냥 또래보다 아주 조금 나은 정도였다. 돌이켜 보면, 남들보다 어린 나이에 시작했으니까 시간이 충분하다고 생각했나 보다. 그래서 웃고 떠들며 시간 귀한 줄을 몰랐다. 그렇게 시간과 청춘을 낭비했다. 지금은 게으름을 절대 피우지 않는다. 하지만 이제는 밤새 야근해도 끄떡없었던 입사 당시의 체력이 없다. 인생에 복잡한 일도 많아져서 하나에만 몰두할 수도 없다.

예전에 데리고 있던 인턴이 정식 사원이 됐다. 내게 분발할 수 있게 몇 마디만 해달라고 했다. 나도 비슷한 경험을 했지만, 사실 크게 분발하게 해줄 만한 말은 별로 없다. 그래도 당부하고 싶은 말이 있다. 바로 사회생활 처음 3년은 뭐든 가리지 않고 최선을 다하고 에너지를 아낌없이 쏟아야 한다는 것이다. 자유로운 삶에 빠지지 말고 술집이나 나이트클럽에는 되도록 가지 마라.

첫 3년이 가장 힘든 건 사실이다. 월급은 쥐꼬리에 노력에 비해 얻는 것이 별로 없어 보일 수도 있다. 하지만 그 3년간 사람들이 당신에게 기꺼이 알려 준 것들이 직장 생활에 밑거름이 된다. 인생을 즐기려고 일하는 거지 일이 인생의 전부가 되면 안 된다, 따위의 말은 하지 마라. 첫 3년은 그런 말을 할 자격도 없다. 지금 직장 생활이 고달픈 이유를 잘 따져보라. 결국 첫 3년을 어떻게 보냈는지로 귀결된다. 힘들다고 도망치고 운 좋게 잘 피했다고 생각했던 일이 어느 날 약점으로 되돌아올 수도 있다. 그때 해볼 걸, 내가 너무 근시안적이었구나, 후회하게 될 수도 있다.

우리는 늘 일본여자는 바깥일은 전혀 하지 않고 남편 뒷바라지만 한다고, 그러니 집에서 설 자리가 없는 거라며 비웃는다. 결혼 뒤에 내조만 하는 건 일본의 전통 습관이라고 치자. 그런데 당신은 왜 일본 여자를 비웃으면서, 자신도 편하게 살고 싶다는 모순된 꿈을 갖는가?

자리는 스스로 만드는 거다. 오늘 흘린 땀방울이 내일을 만든다. 모든 면에서 멋진 남자들과 나이에 맞는 아름다움을 지닌 여자들이 있다. 이런 그들의 모습은 지금까지 한 노력의 결과리라. 나이에 맞게 빛을 발하는 사람들을 보면 '내가 꿈꾸는 인생이 바로 이거다'란 생각이 든다!

그 일이 당신의 재능을 썩히는 건 아니다

나는 인턴을 시작하고 얼마 안 돼서 새로운 프로젝트에 참여했다. 그런데 4학년 학기 시작과 딱 겹쳐서 학교 일도 쌓이자 조급해졌다. 게다가 새로운 프로젝트라서 신경 쓸 일이 한두 가지가 아니었다. 문제가 있으면 바로 몇 줄 뒤에 앉아 있는 상사에게 쪼르르 달려가서 물었다. 상사가 해결방법을 알려주면 다시 쪼르르 내 자리로 돌아왔다.

쪼르르 상사 자리로 갔다가, 또 쪼르르, 쪼르르…. 결국 폭발한 상사가 나를 작고 어두운 방으로 불렀다.

“내가 인턴일 때 사수가 그랬어. 문제가 있다고 이거 뭐가 잘못 됐고요, 어쩌고저쩌고 하지 말고, 먼저 해결 방법을 고민하라고 말이야. 나한테 문제를 들고 오기 전에 네가 생각해 본 해법도 같이 가져와. 그래야 질문하는 의미가 있고 해결하는 법을 배우지. 그냥 지금 상황이 나쁘다고만 보고하지 말고. 나도 인턴 시절엔 잘 몰랐는데, 지금은 그게 얼마나 중요한지 알겠어. 너도 그러길 바라."

그 뒤부터 계속 조금 더 나은 방법을 찾으려고 애썼다. 좋은 방법을 모르겠더라도 일단은 묻고 싶어 근질거리는 입을 꼭 다물었다. 그리고 점점 하나, 둘, 셋까지 다양한 해결책을 찾아냈다. 그런 뒤 상사와 의논하면서 내 생각에 어떤 점이 부족하고 상사와 뭐가 다른지 알 수 있었다. 그리고 내 방식을 개선할 수 있었다. 생각이 고삐 풀린 야생마처럼 날뛸 때, 내 사고방식이 발전한다는 느낌이 왔다. 그리고 무턱대고 성실하게 일하는 것보다 스스로 생각하는 것이 더 중요하다고 절감했다.

반년이 지나고 다른 회사에 면접을 보러 갔다. 2시간 동안 사례 3개를 분석하고 문제별로 해결방안을 두 개 이상 내놓아야 했다. 마지막에 시간이 모자라 다 못 써서 답안지 밑에 전화번호와 메모를 남겼다. "시간이 부족해서 다 못 적었습니다. 세 번째 방안을 알고 싶다면 전화 주십시오." 물론 답을 물어보는 전화를 기다린 건 아니었다. 합격 전화를 받았을 때 그 상사가 떠올랐다.

1년이 지나고 내 밑에 인턴이 들어왔다. 그리고 똑같은 문제가 생겼다. 인턴은 사소한 일로 찾아와서 몇 번이나 물었다. 그래서 나도 그 인턴을 작고 어두운 방으로 데려갔다. 그리고 토씨 하나

안 바꾸고 똑같이 말했다. "내가 인턴일 때 사수가 그랬어…." 데자뷔 현상인 것 같기도 했다.

친구 말에 의하면 나는 동년배 사람들과 다르다. 남들처럼 세상을 원망하고 비난하는 게 아니라, 자신을 개선하는 데 더 집중하는 것 같단다. 나도 동의한다. 세상 비판도 잘 안 하고, 분노를 표출하지도 않는다. 나는 내 작은 세상에 집중하느라 바깥세상, 사회의 불공정과 불합리에 별로 관심이 없다. 인턴 시절 상사가 했던 말이 뼛속 깊이 각인되어서 늘 그렇게 하려고 노력했다. 묻고 싶어서 근질거리는 입을 꽉 다물고 머리를 최대한 굴려서 스스로 문제를 해결했다. 어쨌든 성장을 하긴 한 것 같다. 그런데 그 상사는 자기가 한 말이 내 인생에 지대한 영향을 미쳤다는 사실을 알기나 할까 싶다.

평범한 직장인으로 출발해 거액의 몸값을 받는 MS중국법인 CEO 탕쥔의 성공 스토리를 보고 예전엔 단순하게만 생각했다. 프로그래머였던 그가 사장 자리까지 갈 수 있었던 건 패치 프로그램을 만들어서 Windows 중문버전의 문제를 해결했기 때문이라고. 그런데 나중에 친구와 탕쥔 이야기를 하다가, 그가 성공한 이유를 더 심오하게 생각해 보았다. 다른 직원들이 어떻게 할까라는 의문을 가진 데에 그친 거와 달리, 탕쥔은 더 나아가 해결방안을 제시했다는 거였다. 해결책을 내놓은 것이야말로 그가 남과 차별

되는 점이다.

이제는 신문 원고와 보고서를 쓸 때, 설계도를 그리고 요리를 할 때, 무의식적으로 더 좋은 방법이 없는지, 그게 최선인지 생각한다. 인턴 시절 상사의 말을 듣고 시간이 지나면서 나는 사소한 업무를 혼자 처리하게 되었고, 문제가 생기면 본능적으로 빠르게 해결책을 생각할 수 있게 되었다. 그리고 문제 해결을 잘하는 사람이 되는 건 굉장히 보람 있는 일이라고 생각했다.

신입 직원들의 불평불만이 들린다. "학교에서 잘 나갔었어. 친목 만찬도 혼자 기획했는데 지금은 여기서 엑셀이나 만들고 있네." 육체노동과 반복되는 단순노무를 하려니 무료하고 지겨울 거다. 그래서 고급인재인 자신에게 그런 일을 준다고 불만을 늘어놓는다. 하지만 무슨 일을 하느냐가 중요한 게 아니다. 정확하게 사고하는 법과 문제를 해결하는 방법을 배우는 것이 제일 중요하다. 단순한 육체노동이라 할지라도, 어떻게 하면 그 일을 조금 더 잘 할 수 있을지 연구하면 일이 달리 보인다. 단순노동을 정신노동으로 볼 수 있게 되면, 당신의 재능이 썩고 있지 않다는 사실을 깨닫게 될 거다.

당신의 단점이 부모님 탓일까

제목을 써 놓고 보니 참 괴롭다. 예전엔 다 큰 어른은 스스로 단점을 고쳐야 한다고 생각했다. 부모의 교육이 단점이 생기는 데 큰 영향력을 미치지 않는다고도 생각했다. 단점이 있더라도 부모와 상관없이 자신이 책임져야 할 문제라고 생각했다. 하지만 메일을 많이 받으면서 생각이 달라졌다. 괴로워서 자살하고 싶다며 어떻게 해야 하느냐고 묻는 고민상담 메일을 자주 받는다. 그리고 깨달았다. 그들의 문제는 성인이 된 뒤에 생긴 문제가 아니라, 어린 시절의 특정 사건과 말에서 비롯된 문제였다. 그렇다고 부모님을 원망하지는 마라. 처음 아이를 키우면서 서툴지 않은 부모는 없다.

글을 하나 보고 집에서 받은 상처가 어떤 건지 알게 되었다. 주인공의 엄마는 딸이 어릴 때부터 머리끝부터 발끝까지 하나하나

트집을 잡았다. 어깨를 으쓱하게 할 만한 성적을 받아와도 사람들 앞에서 겸손을 떨었다. "애는 조금 모자라요. 상 받는 게 무슨 소용이에요. 제 이불도 못 갠다니까요." 열 살짜리 아이였지만 지금도 기억이 생생하다. 엄마의 말은 날카로운 칼처럼 날아와 마음 깊은 곳에 꽂히며 쓰라린 상처를 남겼다. 엄마가 자신을 미워한다는 생각에 열등감이 생겼고 결혼해도 그 열등감은 사라지지 않았다. 엄마는 자신의 잣대로 딸을 판단하고 비난했다. 그리고 딸은 자살을 생각하는 지경에까지 이르렀다.

이 글은 내게 충격적이었다. 그리고 그동안 받았던 메일을 떠올려봤다. 하나같이 어린 시절 생긴 일을 계기로 성격이 변했고 현재도 고통 받고 있다는 내용이었다.

SNS에 질문을 올려보았다. "사회생활을 시작하고 성격이나 심리적인 문제로 고민하는 분이 계신가요? 말수가 적고, 사람들과 못 어울리고, 성격에 문제가 있고, 사람 많은 게 싫고, 열등감을 느끼고, 인내심이 부족하고, 집중을 잘 못 하는 것 등등이요. 그렇다면 어린 시절에 있었던 일이 문제의 원인이거나 자기 성격에 그림자를 남겼다고 생각하시는 분이 있나요?"

여기서 답장을 보내온 몇몇 편지들을 공유하고 싶다. 다들 마음에 깊이 새겨진 상처받은 기억이 있었다.

“부모님은 저를 말주변도 없고 사람들과 못 어울린다고 혼내셨어요. 그래서 그런지 어른들만 보면 위축됩니다.”

“6학년 때 시골에서 도시로 전학을 갔는데 같은 반 남자애들이 촌뜨기라고 놀렸어요. 그러고 나서 내성적이고 소심하게 변했어요. 원래는 외향적이고 밝았었는데.”

“집이 엄격해서 고등학교 때까지 남자 친구를 금지하셨어요. 중학교 졸업할 때 앞에 앉은 친구에게 전화번호를 알려줬는데, 그 아이의 전화를 아버지가 받으셨고 제게 부끄럽지도 않느냐며 크게 혼내셨어요. 그 뒤로 남자 친구를 만날 기회가 전혀 없었어요. 지금은 이성을 어떻게 대해야 할지도 잘 모르겠어요.”

“부모님은 저를 독립적인 인격체로 대하지 않고 당신들의 소유물이라고 생각하셨어요. 당신들 뜻대로 이상적인 아이로 만들려고 하셨어요. 부모님들이 좋아하는 것을 하라고 했고 싫어하는 것은 못하게 했어요. 공부 외엔 아무것도 허락되지 않았어요. 그리고 성적이 나쁘면 쓸모없는 사람이라는 생각을 주입하셨어요. 열심히 공부했는데, 반항심이 생기면서 성적이 계속 떨어졌어요. 그러니까 저를 혐오스럽다는 눈으로 보셨어요. 지금은 부모님과 사이가 멀어졌고요."

"부모님은 항상 이겨야 한다고 저를 세뇌하셨어요. 노력하면 못 이룰 게 없다고 말이에요. 그래서 지금은 자신을 너무 다그치면서 살아요. 사는 게 너무 피곤해요. 매달릴 줄만 알지 포기하는 방법을 모르겠어요."

"동생이 아침에 일어나서 씻지도 않고 학교에 안 간다고 해서 아버지에게 옷걸이로 맞았어요. 멍이 들 때까지요. 그걸 보면서 잘 못하면 무서운 벌을 받는 거라고 생각했어요. 한 번은 제가 짜증을 부려서 어머니에게 세게 맞았어요. 그래서 기분을 드러내도 혼나는 거라고 생각했죠. 다 여섯 살이 되기 전에 있었던 일이에요. 그 뒤부터 눈치를 보기 시작했고 착한 아이 콤플렉스에 걸렸어요. 그리고 학교에 들어가면서부터 우울했어요. 사회생활을 시작한 뒤엔 우울증이 통제가 잘 안돼요."

위와 같은 답글을 보면서 생각했다. 상처 없는 사람은 없다고.

성공을 바라는 사람이 많은데, 성공에 필요한 강인함, 용기, 인내심 같은 부분은 타고나거나 어린 시절에 형성된다. 어른이 된 뒤 성공담을 보고 자극받거나, 스스로 깨닫고 성공하는 사람은 극히 드물다. 그래서 누군가 “어떻게 하면 영어를 꾸준히 공부할 수 있을까요?”, “어떻게 하면 꾸준히 일찍 일어날 수 있을까요?”, “퇴근하고 어떻게 하면 꾸준히 공부할 수 있을까요?”라고 물어도 사실 뭐라 해줄 말이 없다. 답을 준다 해도 정말 해낼 수 있는 사람이 많지 않을 거다.

하루든 일주일이든 사람을 관찰하면, 그 사람의 미래가 어떨지 대략적인 그림이 그려진다. 성격을 바꾸면 확실히 어느 정도 미래에 도움이 되긴 할 거다. 하지만 정신적인 부분은 이미 어린 시절에 완성된 거라서, 엄청난 자극을 받지 않는 이상 변하기 어렵다. 그래서 우리가 운명을 바꿔 성공했다는 이야기에 크게 감동하는 거다. 그만큼 어렵다는 걸 아니까.

내면을 바꾸려면, 완성된 자신을 잘게 분해해서 다시 빚어야 한다. 형언할 수 없이 고통스럽고 두려운 과정임이 틀림없다. 하지만 다시 빚지 않으면 똑같은 문제가 삶의 모든 단계에서 스멀스멀 모습을 드러낸다. 초등학교, 중학교, 고등학교, 대학교, 직장, 결혼 등. 나 역시도 그랬다.

누군가에게 책임을 묻고 부모님의 잘잘못을 따지라고 이 글을 쓰는 건 아니다. 자식 농사가 쉬운 건 아니지 않은가. 어려운 형편에 아이의 마음을 보듬고 인성교육까지 할 여유가 없었을 거다. 더 이상 누굴 원망한들 달라질 것이 있을까? 나는 여러분이 자신이 받았던 상처를 직시하고 자신을 분해하고 다시 빚길 바란다. 그리고 나중에 자기 아이에게 "남들도 다 하는 걸, 왜 너만 못 해." 같은 말만은 제발 하지 말길 바란다.

원망을 멈추려면 관심을 다른 데로 돌려라

"안녕하세요. 혹시 회사에서 보이지 않는 기 싸움이나 암투를 겪고 계시나요? 우리 회사에서는 인턴끼리도 보이지 않는 줄다리기나 경쟁이 무서울 정도로 심해요. 몇 명만 정규직으로 전환되니까 서로 견제가 너무 심해서 회사생활이 힘들어요. 회사 내 정치가 이렇게 빨리 시작되리라고는 짐작도 못 했어요. 예전엔 순수한 세상에 살았는데, 지금은 웃음 속에 칼을 숨기고 살벌하게 사는 세상에 내던져진 것 같아요. 나만 너무 순진한 건가, 조급하기도 하고요. 어떡해야 할까요? 회사를 옮겨야 할까요? 아니면 다른 사람들처럼 변해야 할까요? 정말 괴로워요."

어떤 사람이 이런 고민상담 메일을 내게 보냈다.

솔직히 내가 인턴을 할 때도 견제가 심했다. 인턴이 새로 오고

갈 때마다 다들 동요했다. 정규직 직원 사이의 일까지, 누가 맞고 틀리고는 상관없이 인턴끼리 말도 많았다. 어쨌든 갈 사람은 가고 남을 사람은 남았다. 결과는 우리 같은 인턴급의 사람이 정하거나 바꿀 수 없었다.

매일 이와 비슷한 내용의 편지를 받는다. 편지의 20%가 직장 생활에 대한 불평불만을 토로하는 내용이다. 나를 전적으로 믿고 직장에서 겪는 사소한 일들을 털어놓는다. 누가 자기를 무시하고, 욕하고, 눈을 부라렸다, 누군가의 음모로 곤경에 빠졌다, 누가 승진하는 데 방해를 했다, 누구는 사람도 아니다 등등. 그리고 어떻게 해야 하느냐고, 어떻게 살아야 하느냐고 묻는다.

어떻게 말해야 할까. 나도 얼음 위를 걷는 것처럼 조심조심 지냈던 날들이 있었다. 사장님 표정이 안 좋으면 종일 눈치를 보던 날들이 있었다. 말 한마디를 실수해서 온종일 고민하고 잠 못 들던 날들이 있었다…. 하지만 봉사를 시작하고, 칼럼을 쓰고, 여러 가지 일을 벌이면서 그런 걱정을 할 여력과 시간이 없다는 사실을 깨달았다. 새롭고 다채로운 생활을 시작했고 사회적 책임을 다하는 다양한 일을 시작했다. 어떤 문제에 사로잡혀 있는 관심을 그 문제와 상관없는 다른 일로 돌리면, 더 새롭고 풍부한 생활을 시작할 수 있다.

아마 우리 회사에도 이런저런 일들이 있을 거다. 그런데 나는 거기에 끼고 싶지도 않고 그럴 여력도 없다. 하지만 회사에 있을 때는 매 순간에 충실히 임한다. 내가 맡은 일을 작품에 비유한다면, 단순히 PPT나 엑셀 표를 만드는 일이라 해도 예술품이 되기를 바란다. 그 순간 순간에 집중할 뿐, 그밖의 영역은 내 손을 떠난 문제라고 생각한다. 소모적인 갈등에 일일이 신경 쓰기보다는 내가 할 수 있는 다른 일에 집중했다. 일종의 '도피'라는 방법으로 회사에서 생길 수 있는 마찰을 해결한 것이다. 일을 마치고 다른 곳으로 '도피'하면, 거기서 더 다양한 삶을 발견한다. 그렇게 나를 바꾸자 내가 사는 세상도 바뀌게 되었다.

왜 좋은 직장을 못 구할까?

블로그에서 어린 시절 자주 듣던 말을 보곤 한다. "수학, 물리, 화학을 잘하면 천하무적이다." 대학 가서도 비슷한 말을 들었다. "운전, 외국어, 컴퓨터를 잘하면 졸업하고 일이 제 발로 당신을 찾아온다." 하지만 어릴 때부터 이 목표를 위해 노력했는데도, 실업자가 수두룩하다. 왜 그럴까? 아, 갑자기 두 사람이 생각났다.

2008년 글로벌 금융위기가 왔고, 외국회사 지사들은 정규 직원을 고용할 수 없었다. 그래서 본사에 들키지 않는 인턴만 고용했다. 그때 A가 인턴으로 들어왔다. 일을 잘하긴 했지만, 그렇다고 출중하지도 않았다. 특별한 장점도 단점도 없이 무난했다. 다른 때였다면, 인턴에게 굉장한 능력을 기대하는 건 아니어서 별문제 없이 정규직으로 바로 전환됐을 거다. 하지만 금융위기 때는 사정이 조금 달랐다. 사장은 유용한 사람을 원하지, 쉽게 대체될 수 있는 사람에게는 관심이 없다. 하물며 일개 인턴은 어떻겠는가?

어느 날 밤, 동료가 보고서를 작성하고 있었다. 시간이 늦었는데도 PPT를 다 만들지 못 했다. 그래서 야근 중인 A가 딱 걸려서 템플릿을 만들었다. 그런데 A는 템플릿뿐 아니라 PPT 디자인도 수준급이었다. 심지어 애니메이션 효과까지 넣었다. 동료들이 A의 실력에 깜짝 놀랐다. 듣자니 새벽에 PPT가 완성될 때까지 스타를 보려고 온 팬들처럼 A를 둘러싸고 있었단다.

그 뒤 A는 PPT의 신으로 각 팀의 든든한 버팀목이 되었다. 직원들 대부분이 PPT를 잘 만들긴 한다. 하지만 A같은 초고수는 그때도 그랬고, 지금도 우리 회사뿐 아니라, 모든 회사를 통틀어도 보기 드문 인재일 거다. 이런 보석은 떠받들어 마땅하다. A는 졸업 후 정규직으로 전환되었다. 사장님이 직접 미국 본사에 메일을 보냈다고 들었다. 그해 중국지사의 정규직 전환 정원은 1명뿐이었고, 그 자리가 바로 PPT의 신 A에게 돌아갔다.

두 번째 주인공은 내 예전 비서다. 인턴이었던 그녀는 너무나 열정적으로 아무 보답도 바라지 않고 열심히 일했다. 정확히 말하면 PPT 작업을 많이 도왔다. 하지만 대학을 졸업한 해에는 일이 잘 풀리지 않았다. 처음 들어간 회사는 불안했고, 업무 내용도 잘 모르는 데다 걸핏하면 암투가 벌어졌다. 그러다 두 번째 해에 사립학교 행정지원과 주임 비서에 지원했다. 그런데 인맥도 백도 없었고, 돈을 찔러 주고 싶어도 누구에게 찔러줘야 할지 몰랐다. 면접이 다가올 즈음, 내가 그녀의 PPT를 조금 수정해주었다. 정말 조금 수정했을 뿐이었다.

다행히 합격했는데, PPT가 남들보다 살짝 나았다는 이유에서였다. 조금 의외였다. 그 뒤 그녀는 PPT 관련 책을 많이 샀다. 면접 때는 내가 도와준 거라서, 앞으로 자기가 못 만들면 들통난다면서 오랫동안 PPT 공부에 매진했다.

어느 날 밤, 문자 한 통을 받았다. "갑자기 보고 싶어서 연락드려요. 많이 가르쳐 주셔서 감사해요. 요즘은 교장 선생님까지 수업에 쓸 PPT를 저에게 맡기세요. 드디어 내 세상이 왔나 싶고 보람도 많이 느껴요. 감사합니다." 감동이 밀려왔다. 사실 별로 가르쳐준 것도 없다. 그녀가 스스로 나서서 배웠고, 불평불만이나 계산 없이 나를 도왔다. 그런 노력이 그녀 자신을 도운 거다. 그때 나는 그냥 별 뜻 없이 말했을 뿐이다. "세상에 배워서 남 주는 건 없어."

우리는 항상 공부가 부족하다고 생각해서, 미친 듯이 책을 읽고, 학원에 등록하고, 각종 강좌를 듣는다. 그리고 입사 지원서에 다양한 특기를 적는다. 하지만 다 비슷비슷하다. 게다가 정작 실전에서 써먹으려고 하면 이력서에 쓴 것만큼 잘하지도 못 한다.

나도 Office 활용 서적을 많이 샀는데, 다 방치되어 있다. 그래서 내가 만든 초라한 PPT를 보면 짜증과 눈물이 솟구친다.

일상이든 직장이든 잘하는 게 하나라도 있으면 잘 살 수 있다. 영어를 잘해야만 좋은 직장에 들어가는 것도 아니다. PPT를 잘하면 영어 못지않은 강한 경쟁력을 갖는다. 또, 공부를 많이 한다고 잘 나가는 것도 아니다. 고추장 하나만 잘 만들어도 해외 미식 잡지에서 서로 인터뷰하겠다고 다투는 할머니처럼 될 수 있다. 우리는 누구를 밟고 올라 꼭대기 위에 서야 한다는 피라미드식 교육을 받으며 안목과 마음이 작아졌다. 이리 밀치고 저리 밀치며 좁아터진 외나무다리를 건너는 삶이 인생관, 세계관, 가치관에 맞는다고 생각하게 되었다. 하지만 세상은 넓고 크다. 이 넓고 큰 세상에서 잘 살아보자는 굳은 용기와 힘을 가져보자.

얼마 전 우리 집 앞 오피스텔에 출근하는 쉬쉬에게 농담을 건넸다. 그냥 회사 때려치우고 집에서 점심을 만들어서 쉬쉬네 회사 직원에게 팔면 좋겠다고. 그 회사 직원이 우리 집 식구들을 다 먹여 살릴 수 있지 않겠냐고. 하지만 안타깝게도 나는 레시피 없인 소금을 넣어야 하는지, 간장을 넣어야 하는지 감도 못 잡는 수준이라서 그 농담을 현실화시키긴 어려울 것 같다.

세상에 '운전, 외국어, 컴퓨터'만 있는 건 아니다. 또, 워드랑 PPT만 있는 것도 아니다. 자신의 핵심 경쟁력을 찾아야 한다. 파전 부치는 거라도 남보다 조금 더 잘하면, 그 기술이 인생에 행운을 가져다줄 수 있다. 미스 옌은 요리를 잘한다. 며칠에 한 번씩 동료들에게 케이크나 닭 날개 요리를 만들어 준다. 그리고 동료들이 신나서 자신이 만든 음식을 먹는 모습을 바라본다. 아, 그녀의 성취감과 행복이 부러워 죽을 것 같다.

진정한 '불가능'과 영원한 '불문율'은 없다

"봐, 살면서 비가 내릴 수도, 상처받고 울 수도 있어. 인생엔 굴곡이 있어. 그래도 절대 포기하지 않아…." 5년 전, 〈내 청춘의 주인공은 누구인가〉라는 드라마를 세 번이나 보았다. 엔딩곡 가사가 가슴을 쳤고 그 가사가 좋아 무한 반복해서 들었던 기억이 난다. 친구들은 그 드라마의 주인공과 내가 비슷하다고 했다. 조금도 흔들리지 않고 씩씩하게 앞을 향해 질주하는 점에서. 어디로 향하는지도 모르는 채 달릴지언정.

그 해 직원 발표대회에서 수상자로 뽑혔다는 통보 메일을 받았다. 메일 한 통으로 마음에 기쁨의 꽃이 만개했다. 그 기쁨 뒤에 숨겨진 노력은 나만 알리라. 죽도록 마음고생 한 건 나밖에 모른다.

2009년 4월 첫 번째 주례 회의에서 상사가 나를 지목하며, 5월 직원 대회에서 블로그를 주제로 발표하라고 지시했다. 그런데

PPT를 만들라는 주문 말고 숨통을 콱 조이는 요구사항이 하나 더 있었다. 바로 영어로 하라는 것이었다! 남들에게는 쉬울지 몰라도, 나는 발표 한 달 전부터 미칠 것만 같고 괴로웠다. 회사에는 영어 원어민과 영어를 모국어와 마찬가지로 구사하는 유학파가 가득했다. 50페이지는 고사하고, 달랑 5페이지만 하라고 해도 딱 죽고 싶은 심정이었다. 내가 입사한 뒤로 중국어로 발표하는 사람은 한 명도 못 봤다. 영어 발표는 당연한 관례였고 늘 그래 왔기에 불문율이 되었다.

영어 공부 한 달 계획을 세웠다. 단어를 외우고 듣기도 연습했다. 진작 안 해두고 뭘 했을까 후회막급이었다. 기회는 준비된 자에게만 온다는데, 나처럼 준비 하나 하지 않은 사람이 얼떨결에 굴러들어 온 기회를 잡을 수나 있을까? 그 기회가 마지막에 결국 어떤 형태의 결과를 가져올지 감이 안 잡혔다. 입맛이 뚝 떨어질 만큼 우울하고 절망적이었다.

PPT 구상은 차치하고 영어로만 발표해야 한다는 압박감에 거의 제정신이 아니었다. 할 수 없다, 그냥 외우자. 원고를 써서 달달 외우면 되겠지? 외국인을 섭외해서 2주일 뒤에 PPT를 고치고 그 앞에서 연습을 해보기로 했다. 그런데 발표가 끝나면 질의응답 시간도 있다. 질문에 대한 답도 영어로 해야 할 텐데, 어떡하지? 계속 못 알아듣는 척할 수만도 없는 노릇이었다. 생각할수록 막막해서 거식증 증상까지 생겼다. 그때까지만 해도 덜 성숙했다. 억지로 해야 하는 일이 생기면, 심한 압박감에 집 소파 옆 귀퉁이에 웅크리고 앉아 울고만 싶었다.

나는 5월 1일 노동절부터 사흘 쉬는 동안만이라도 거기서 벗어나고 싶어서 걱정을 한 아름 안고 고향에 갔다. 그리고 〈내 청춘의 주인공은 누구인가〉 DVD를 사서, 3일 내내 텔레비전 앞에 쪼그리고 앉아 드라마에 빠져들었다. 그렇게 시간을 보내며 죄책감과 두려움에 시달렸다. 본능적으로 내가 도피하고 있다는 사실을 알았다. "봐, 살면서 비가 내릴 수도, 상처받고 울 수도 있어. 인생엔 굴곡이 있어. 그래도 절대 포기하지 않아…." 마지막 회의 엔딩곡을 듣다가 퍼뜩 깨달았다. 전투력을 끌어올려 보자! 인생에 비가 내리고 밑바닥을 쳐도, 나는 뼛속까지 포기라곤 모르는 사람이잖아!

그러다가 중국어로 발표하면 어떨까 생각했다. 불문율을 깨보는 거다. 꼭 영어로 해야 한다는 이상한 규칙에 도전할 용기가 내게 있는지 생각했다. 주위에 중국어로 해도 될까 물어도 봤지만, 된다고 대답한 사람은 없었다. 간이 배 밖으로 나왔으면 한 번 해보라는 식이었다. 그때 나는 회사에서 나이, 직급 모두 막내였다. 그래서 더는 무서울 것도 잃을 것도 없다고 생각했다. 뭐 그렇다고 솔직히 망설임이 아예 없던 것도, 신경 쓰이는 게 전혀 없던 것도 아니었다. 어쨌든 우리 팀과 팀장님을 대표해서 발표하는 거라서 망치면 감당할 자신이 없었다.

이제 어떡하지? 밤낮없이 지속되는 걱정과 불안함에 식욕이 달아났다. 내가 겉으로는 평온해 보여서, 엄청난 압박감과 두려움에 시달리고 있다는 사실을 아무도 몰랐다. 나는 이번 달 대회가 취소되기를 기도했다. 정전되거나 번개라도 쳐서, 어떻게든 피하게 해달라고 기도했다.

발표대회가 일주일 앞으로 다가왔다. 인사팀에 무슨 요일에 대회를 하느냐고 물었다. 그러자 미정이라는 대답이 돌아왔다. 더 조급하고 막막해졌다. 50페이지 중에 한 페이지도 다 못 썼다. 남은 일주일 동안 잠재력의 꽃을 활짝 피울 것인가, 아니면 그냥 이대로 무너져 내릴 것인가?

생각에 빠져있는데, 인사팀에서 금요일 오후 5시로 정해졌다는 소식을 전해왔다. 나는 허겁지겁 PPT에 매달렸다. 플로 차트를 그려 내용을 쓰고, 자료를 찾고, 그림을 삽입하고 정신없이 다 만들고 보니, 78페이지나 되었다. 궁지에 몰리면 용기백배가 된다고 그러더니, 중국어로 발표하겠다는 마음을 굳혔다. 능력이 안 되는 걸 어쩌란 말인가. 물론 영어 대본을 외워서 발표할 수도 있지만, 중문과 전공자로서 모국어를 써야 의사전달을 더 확실히 할 수 있지 않겠는가. 결심을 굳히고 아무에게도 말하지 않았다. 물론 불문율에 도전하고 있다는 사실을 인지하고 있었다. 나이로 보나, 직급으로 보나 까마득한 막내가 회사에 새로운 길을 내려고 했다.

일부러 밝은 별이 빛나고 있는 템플릿을 선택했다. 내 이름에 '별 성星'자가 들어가기 때문이었다. 문 앞에 서서 들어가길 망설이고 있을 때 인사팀이 나를 회의실로 밀어 넣었다. 나는 대회 시작 전에 불을 꺼달라고 부탁했다. 내가 만든 별만 빛나게 해서 그럴듯한 분위기를 조성하기 위한 것도 있었지만 사실은 사람들의 눈을 볼 자신이 없어서였다. 소심한 막내가 관례를 깨고 중국어로 발표하리라고는 아무도 생각지 못했다. 심장에서 북이 울렸다. 사람들이 받아들일까? 내가 잘할 수 있을까?

불이 꺼졌고 별만 빛났다. "안녕하세요. 오늘 저는 중국어로 발표하겠습니다…." 무거운 압박감을 지닌 채 발표를 시작했다. 대회 전 동료에게도 PPT만 보여줬고, 리허설은 하지 않았다. 마음을 내려놓고 크게 심호흡했다. 그리고 전부를 걸었다. 시작하고 고개를 들었던 한순간, PPT 불빛 사이로 대표님의 미소를 보았다. 대표님이 나를 보면서 빙그레 웃었다. 긴장을 풀고 85년생인 게 그대로 티 나는 어투로 발표를 이어나갔다. 내 엉뚱한 생각에 모두 폭소했다. 사람들은 중국어로 발표해도 재미있다고 생각했다. 그 순간 나도 덩달아 웃었다. 사람들이 보이진 않았지만 소리가 들렸다. 시작이 괜찮았다고 생각하며 끝까지 잘해내리라 결심했다. 드문드문 웃음소리가 들렸다. 대표님은 계속 내 발표를 멈추고 세세한 부분까지 질문했다. 꽤 재미있어 하는 듯이 보였다. 나는 중국어라는 강점을 십분 살려서 최선을 다했다. 내 유머와 재치, 뛰어난 말솜씨를 마음껏 뽐냈다. 스스로 만담하는 듯한 느낌도 들었고 또 때때로 서평을 하고 있다는 생각도 들었다. 그냥 단순한 성공이 아니었다. 대박 성공이었다!

발표가 끝나고 쏜살같이 내 자리로 돌아갔다. 그리고 두근거리는 심장을 잠시 진정시켰다. 전화기가 울렸고 인사팀으로부터 축하한다는 말을 들었다. 그렇게 잘할 거면서 발표 전에 왜 겁을 먹었느냐는 말과 함께. 인사팀은 내 발표가 엉망일 거라고 생각했단다. 복도를 지나가는데, 맞은편에 앉는 동료가 일어나서 말했다. "완전 멋졌어." 회의실에서 케이크를 함께 먹을 때, 외국인 직원이 한 조각을 건네며 말했다. "정말 잘했어요. 상으로 케이크를 줄게요." 하하, 외국인도 중국어를 다 알아들었구나.

며칠이 지나고 회사 입구에서 대표님과 마주쳤다. 그때 대표님은 발표가 훌륭했다고, 준비하느라 한 달 내내 공황상태였다는 말도 들었다고 했다. 맞아요. 대표님에게 그 한 달 동안 내가 얼마나 발버둥 쳤는지, 두려웠는지, 또 얼마나 도망치고 싶었고 용기가 안 났는지 말씀드렸다. 어쨌든 난 자신을 뛰어넘었다. 과감히 관례를 깼고 결국 나 자신을 되찾았다고 덧붙였다. 6월 말 회사에서 선정한 상반기 베스트 발표 명단에 내 이름이 당당히 들어 있었다. 나는 무대에서 꽃다발을 들고 환하게 웃었다. 내가 받은 것은 꽃다발이 아니라 용기였다.

막내였지만 나는 관례를 깨고 멋지게 발표했다. 그리고 깨달았다. 세상에 진정한 '불가능'과 영원한 '불문율'은 없다고. 진정한 자신감과 성공은 우리 안에 있다고. 겉에 드러난 잔가지가 가장 중요한 뿌리는 흔들지 못한다는 사실도 깨달았다.

사실 누구나 색다른 것을 보고, 독특한 말을 듣고 싶어 한다. 그러려면 자신의 강점을 과감하게 살려서 관례를 깨야 한다. 직장에서 자신을 가장 특이한 음식으로 만들어야만 성공의 맛이 극대화된다.

참새가 큰기러기의 뜻을 어찌 알까

부모님을 모시고 여행을 갔다. 엄마랑 같은 방을 쓴 분은 톈진에서 온 G아주머니였다. G아주머니는 연신 웃음이 끊이지 않았다. 말과 행동을 보고 아주머니가 대범하고 호방한 사람이란 걸 바로 알았다. 엄마는 6일 동안 G아주머니와 같은 방을 쓰면서 많은 이야기를 나누었다.

G아주머니는 군인 집안에서 태어났다. 집안 형편이 괜찮았고 형제자매 모두 잘 산다고 했다. 하지만 대학에 들어갈 무렵 하필이면 '문화대혁명'이 일어났다. G아주머니도 군인 집안 출신이라는 이유로 연루되어 공장에 끌려가게 되었다. 어렸지만 교양 수준이 높았던 아주머니는 공장에서도 아랑곳하지 않고 신문과 잡지를 정기 구독했다.

한편 공장직원들은 시간이 나면 스웨터를 뜨며 남에 대해 이러

쿵저러쿵 떠들었고, 뒤에서 G아주머니를 이상하다고, 어울릴 줄도 모른다며 욕했다. 그런데 G아주머니의 눈에는 그들이 이상했다. '스웨터를 뭐 하러 짜지? 너희는 스웨터를 짜라, 나는 신문을 읽을 테니.'라고 생각했다. 그리고 G아주머니는 문화대혁명이 끝나고 공장 사무실에서 일하게 되었다.

G아주머니의 형제자매는 시대를 잘 만나서 다들 잘 나간단다. G아주머니가 현장에서 사무실로 올라가긴 했지만, 형제들과의 격차는 여전히 컸다. 이에 아버지가 미안해했지만 G아주머니는 크게 개의치 않았다. 마음속 이상을 포기하지 않고 노력하면 어딜 가나 마찬가지라고 생각했다. 그리고 삶에 대한 태도가 인생을 결정한다고 믿었다. G아주머니는 예순이 넘었지만 퇴직하고 여행을 많이 다녀서 안 가본 나라가 없다고 했다. 아시아, 아프리카, 라틴아메리카, 이탈리아까지, 여권에는 도장 찍을 자리도 없었다. 지인들은 G아주머니의 미소와 시원한 성격에 매료된다. 그 분은 자식이 짝이 없다, 손자를 안 낳는다고 걱정하는 다른 노인들과 달랐다. 말만 하면 독특함이 철철 넘쳤다. G아주머니를 보면 마음이 탁 트였고, 기품이 느껴졌다.

G아주머니의 남편은 귀가 안 좋아져서 말을 여러 번 해야 알아들었다. 다혈질에 화를 잘 냈고 자신이 쓸모없는 존재라고 생각했다. 하지만 G아주머니는 그렇게 생각하지 않았다. G아주머니가

남편에게 말했다.

"사실 제일 운이 없는 건 나예요. 다른 집 남편들은 한 번만 말하면 다 알아듣는데 나는 서너 번씩 말해야 해요. 그래도 전혀 피곤하다고 생각지 않는데, 당신이 왜 화를 내요? 그리고 장애가 있거나, 노환으로 몸져누운 사람에 비하면 우리는 행복한 거예요. 말 몇 번 더하는 게 대수예요?"

한 번은 G아주머니가 남편과 손자 일로 살짝 다투고 시위 차원에서 집을 나가 호텔로 갔다. 그런데 가만히 생각하니 크면 자신을 기억도 못 할 손자를 위해서, 더군다나 자신이 나이 들어 죽고 나면 그 손자의 아이들이 자라는 모습을 볼 수도 없을 텐데, 평생 함께 고생한 남편과 싸우는 건 이성적이지 못하다는 생각이 들었다. 평생 곁에 있어 줄 사람은 손자가 아니라 남편이니까. 게다가 남편은 평생 자신을 먹여 살렸는데, 지금 손자 때문에 남편 마음을 상하게 할 필요가 없다는 결론에 도달했다. 그래서 바로 다시 짐을 싸서 집으로 돌아갔다.

G아주머니는 SNS도 사용하고 인터넷에서 티켓도 예매한다. 또한 랍스터를 먹자는 말에 수영장에서 제일 먼저 튀어나오는 사람이다. 다른 노인과는 확실히 달랐다. 함께 있으면 나이가 느껴지지 않았고, 오히려 내가 유행에 뒤처진다고 생각될 정도였다. 항상 유쾌한 분이셨다. G아주머니가 어떤 점에서 진지해 보이는

평범한 노인들과 다른지 결국 그녀의 말 속에서 힌트를 알아낼 수 있었다.

"노인을 판단하는 기준은 재산과 배경이 아니라 삶에 대한 태도다. 삶에 대한 태도를 보면 어떤 인생을 살았는지 보인다."

줄곧 G아주머니의 이야기를 쓰고 싶었다. 하지만 어떻게 써야 할지 몰랐다. G아주머니의 이야기는 다양했고 남달랐다. 악조건 속에서도 동요 없이 공부했고, 형제들은 잘살고 본인만 힘들었어도 늘 열정을 잃지 않았고 역동적인 인생을 살았다. 또 남편 건강이 안 좋아도 긍정적이고 낙관적이었다. G아주머니가 겪었던 일이 다른 노인이나 젊은이에게 생겼다면, 이야기가 전혀 다른 방향으로 흘렀을지도 모른다.

많은 독자들이 말한다. "저도 작가님처럼 열심히 공부하고 있어요. 그런데 기숙사 룸메이트랑 사이가 나빠요. 친구가 없다는 생각에 괴로워요." "형제가 둘인데 부모님의 편애가 심해요. 나한텐 관심도 없어요. 마음이 아프고 삶에 의미가 없어요." "저는 조금 특별한 사람이에요. 어떻게 하면 확 튀는 인재가 될까요? 그냥 공부만 열심히 하면 되나요? 그런 인재가 되려면 많이 힘들진 않나요?"

G아주머니가 어떻게 살았는지 다는 모른다. 힘들었는지, 지쳤는지, 외로웠는지, 정확하게 알진 못 한다. 하지만 어쨌든 G아주

머니를 격조 높은 사람이라고 정리하고 싶다. 격조 높고, 눈에 의지가 보이는 사람은 어디에 있든, 어떤 장애를 만나든, 눈부시게 빛난다.

사람들은 비슷한 인생 단계를 거친다. 학교, 직장, 결혼, 육아 등. 그리고 남과 비교하는 걸 좋아한다. 집이 더 큰지, 차가 더 비싼지, 결혼식이 더 화려한지, 아이가 저 집 애보다 더 똑똑한지. 그런데 조금 더 낫다고 크게 달라질 게 있을까? 실상, 우리 삶에서 생기는 차이는 그리 크지 않다. 하지만 그 사람의 눈과 얼굴에서 어떤 인생을 살았는지가 드러난다. 그리고 마음에 어떤 세상을 품었느냐에 따라 어떤 인생을 살지가 결정된다.

듣기 싫겠지만 한마디 하겠다. "제비와 참새가 큰기러기의 뜻을 어찌 알랴!" 자신이 범상치 않다고, 날개 꺾인 천사 같다고 생각할 수도 있다. 하지만 불평하면서 행동은 하지 않고, 잡소리에 얽매여 덜덜 떨고만 있다면, 당신은 큰기러기가 아니라 한낱 제비와 참새에 불과하다. 그리고 아마 평생 큰기러기가 되지도 못할 거다.

세상이 늘 당신의 적은 아니다

엄마는 젊을 때 치아관리를 잘 안 하셨다. 치통이 오면 소염제로 견디면서 일을 하러 갔다. 이제 곧 예순인데, 이가 거의 다 빠져버려서 치과 치료가 필요했다. 그런데 치과 치료는 보험 청구가 잘 안 된다. 그래서 유명 치과 몇 개를 찾아 상담을 했다. 세 군데 다 치료방법이 비슷했다. 견적도 하나같이 세게 나왔고 돈이 많이 들어가는 거라 신중해야 했다. 치과 치료는 단순하게 옷을 사는 것과는 다르다. 돈은 썼는데 제대로 안되면 얼마나 속상하겠는가. 그래서 치과 의사인 사촌 동생을 찾아갔다. 동생이 말했다.

"일반인이랑 의사 생각이 똑같을 순 없죠. 환자 잣대로 의사의 판단이 맞다, 아니다 단정하면 안 돼요. 의사가 돈 벌려고 혹시 속이는 건 아닌지 의심하지 마세요. 환자가 낫지 않길 바라는 의사는 없어요. 돈을 더 밝힐 순 있지만, 어쨌든 치료는 잘 하고 싶어 해요. 싼 곳으로 해도 상관은 없는데, 비싼 데는 이유가 있어요. 사설 병원 의사가 돈을 더 많이 떼는 건 부인할 수 없는데, 다 치료를 더 잘 하려고 그러는 거예요. 늘 누군가 손해를 입히려 한다고 생각하지 마세요. 전문가 말을 믿지, 누굴 믿겠어요? 몇 년씩 공부해서 의사하는 건데 믿어야죠."

사촌 동생의 말을 듣고, 집에서 도보로 5분 정도 거리에 있는 사설 병원에서 치료하기로 했다. 발치에서 치료가 끝날 때까지 6개월이 걸렸고 큰 통증은 없었다. 엄마는 매번 산보하듯 병원으로 갔다. 다들 친절하고 정이 넘쳤다. 나도 오전에 가끔 엄마랑 같이 갔다. 일찍 온 가족들에게 제공하는 아침도 먹고, 서비스로 사랑니도 뽑았다. 접수한다고 줄을 서서 사람들과 부대낄 필요도 없었다. 그리고 사촌 동생이 했던 말을 늘 기억했다.

'치료를 잘해라, 그리고 자신이 뭐든지 안다고 생각하지 마라. 자신의 이해대로 전문가의 수준을 평가하지 마라. 또, 늘 남이 자신을 해친다고 생각하지 마라.'

우리 주위엔 늘 비슷한 일이 일어난다. 자기가 다 안다고, 전문가의 말을 믿지 않는다. 그리고 남이 당신을 해치고 속인다고 생각한다. 우울하고, 괴롭고, 괴팍해져도 정신과 의사를 찾지 않는다. 의사가 돈을 뜯을 거라고 생각하면서. 직장 생활이 엉망이고 이해할 수 없는 일투성이어도 직업 컨설팅을 받지 않는다. 뭐든지 DIY로 해결하느라, 시간을 낭비하고 착오를 겪는다. 손 쓸 수 없을 정도로 막막해 하면서도 돈을 써서 전문가에게 도움을 구하지 않는다. 늘 남이 돈을 뜯으려고 하고, 나를 해친다고 생각해서다.

나는 헬스를 하면서 깨달았다. 처음 헬스장에 갔을 때는 내가 바보인가 싶었다. 러닝머신 말고는 할 줄 아는 게 하나도 없었다. 그래서 개인 트레이닝을 받기로 했고 두 번째 날부터 트레이너와 운동했다. 3개월 했는데, 중간에 트레이너가 한번 바뀌어서(전 트레이너가 그만뒀다.) 운 좋게 다른 스타일의 운동법을 배울 수 있었다. 하지만 많은 사람들이 내가 PT를 한다는 말에 속는 거라고 했다. 중국 트레이너들은 역량도 모자라고 그냥 근육 자랑하는 사기꾼이라고 떠들어댔다. 하지만 어쨌든 헬스를 하면서 막막했던 적은 없다. 궁금한 점이 있으면 바로 옆에 나보다 많이 아는 사람에게 물어볼 수 있었다.

개인 트레이닝을 안 받아도 몸매 만들기에 성공하는 사람이 많다는 건 인정한다. 하지만 내겐 그런 방법을 혼자 연구할 시간도, 인내심도 없다. 두 달 정도 연구하면 어렴풋이 알 수 있을지는 모르겠지만, 난 못 기다린다. 헬스를 3개월 하고 몸이 많이 변했다. 근육도 붙고 힘도 세졌다. 또, 매일 활력이 넘친다. 내 친구들도 금

전적 여유가 되면 개인 수업을 늘리고 없으면 줄여가며 트레이닝을 받는다. 밥값, 노래방비를 아끼면 수업을 한 번 더 받을 수 있었다. 친구들이 신나서 몸이 변했다며 즐거워하면, 내 기분도 덩달아 좋아졌다.

물론 PT를 받으려면 돈을 쓰긴 써야 한다. 전문 트레이너에게 배우려면 비싼 것도 사실이다. 월급은 고만고만한데, 돈 쓸 일이 많다. 부동산 대출도 갚고 옷도 사야 한다. 그래서 여가시간에 부업을 해서 돈을 번다. 나는 돈이 좋다. 돈을 쓰면 그만큼 얻는다고 생각한다.

돈을 벌고 싶다면, 먼저 자기에게 투자해라. 그리고 잘 몰라서 방황하지 말고 방황할 시간을 아껴서 얻은 시간에 새로운 것을 공부해라. 그러면 당신이 쏟아 부었던 돈이 배가 되어 돌아온다. 기꺼이 쓰는 용기가 필요하다. 돈은 없는데 졸업한 지 얼마 안 됐고, 소도시에 살아 돈 벌 환경이 아니라고 투정부리면서, 퇴근하면 텔레비전 보고, 먹고 마시고, 잠만 자고 있지 좀 마라. 내가 무슨 말을 할지 이제 말 안 해도 알 거라 믿는다.

엄마의 치료가 끝났다. 마지막 날에는 의사와 사진도 찍었다. 엄마는 건강한 치아를 드러내고 해맑게 웃었다. 그리고 의사가 그 사진을 앨범에 넣었다. 앨범에 치료를 마치고 건강하게 웃는 환자들의 미소가 가득했다. 엄마가 사각사각 사과를 먹으며 말했다.

"이렇게 시원스레 사과를 먹어본 게 언젠지 모르겠다. 잘게 잘라서 조심조심 씹어야 했는데, 지금은 내 이로 직접 베어 먹네." 엄마 말에 치료하길 잘했다 싶었다.

용기는 우리 마음속에 잠들어 있다

'까마귀'라는 별명으로 불리는 고등학교 동창이 있다. 예쁘장한데 피부가 까매서 붙여진 별명이다. 까마귀는 나와 같은 기숙사를 썼다. 야밤에는 볶은 해바라기씨를 까먹고 대낮에 잠을 한바탕 자는 게 그 친구의 습관이었다. 공부는 관심 밖이었지만 연애는 쉬지 않고 했다. 그래서 결국 해바라기씨를 씹으며 재수를 해야 했지만. 그리고 헉 소리 나게 비싼 3지망 대학(중국에서는 1지망 학교에서 떨어지면 2지망 학교, 2지망에도 떨어지면 3지망 학교에 간다.)에 붙어 일어를 전공했고 교환학생으로 일본에도 갔다. 돈 쓰러 간 거나 마찬가지였다. 3지망 학교에서 언어를 전공한 사람은 거의 통번역 일을 했고, 다들 까마귀도 그러리라 짐작했다. 하지만 까마귀 친구는 자기가 좋아하는 일을 하겠다고 굳게 마음먹었다.

까마귀 친구의 취미는 쇼핑하고 돈 쓰는 거였다. 아버지 카드의 한도를 넘기자 남의 돈을 쓸 방법을 궁리했다. 구매대행을 하자! 까마귀가 일을 시작하고 내가 광고를 해줬는데, 그렇게 큰 사업은 아니었다. 일본에서 물건을 사고 포장해서 발송했다. 입소문이 퍼지면서 고객이 늘고 바빠졌다. 낮에는 차로 상점을 누비고 밤에는 물건을 포장해서 새벽 3~4시에 우체국에 갔다. 한 번은 우체국 아저씨가 폭발 직전까지 가서 그 친구를 경찰에 신고하려고도 했다.

사업이 커지자 체계가 필요했다. 그래서 중국으로 돌아와 시장조사를 한 뒤, 무역회사를 차리고 본격적으로 수입을 시작했다. 어느 날, 새벽 3시에 우체국을 나선 까마귀 친구는 어스름한 별빛 아래 사케를 마시며 내게 문자를 보냈다. 자기는 시장에 관한 전문 지식도 없고 브랜드도 잘 모른다. 오늘 같은 날이 올 거라고는 생각도 못 했고 무작정 덤비는 것밖에 몰랐다. 마음속에서 가능성을 찾았더니 자신이 좋아하는 일에 가까워졌고, 예상치도 못 한 일을 해냈다고 했다.

까마귀 친구 말고 한 사람이 더 있다. 여행의 달인 샤오링이다. 베이징대에서 지리학을 전공한 샤오링은 졸업하고 자기가 좋아하는 온라인 게임과 관련된 직업을 선택했다. 그리고 첫 수입을 털어 타오바오에 맞춤 옷 가게를 차렸고 대박이 났다. 또 샐러드라면 환장하는 샤오링은 세계 각지에 가서 샐러드 요리법을 배웠다. 그리고 상하이에 샐러드 가게를 차렸다. 얼마 전, 농담으로 내 평생 VIP 카드를 언제 줄 거냐고 물었더니, 조금만 기다리라며 한창 인테리어 중인데 한 달 뒤에 영업 시작이라고 들뜬 목소리로 말했다. 또한 여행의 달인이기도 한 샤오링은 세계 각지를 여행하고 책을 썼다. 샤오링이 부잣집 딸이라 돈과 시간이 남아돈다고 오해하는 사람도 있다. 사람들은 샤오링이 지금 같은 자유로운 생활을 누리기 위해서 엄청난 노력을 쏟아 부었다는 사실은 잘 모른다. 그리고 세상이 씌워준 월계관을 과감히 벗어 던지고 어떤 노력으로 가장 자기다운 자신을 만들었는지도 잘 모를 거다.

우리 주변엔 용감한 사람들이 있다. 당신보다 성적이 나빴을 수도 있고, 세상이 정해 놓은 일을 안 하는 것처럼 보일 수도 있다. 그들은 괴짜에다 반항아처럼 보이고, 하는 일의 수입도 불안정하다. 하지만 나는 그들이 진짜 행복한 사람이라고 생각한다. 주변에 이런 사람이 있다면 응원하고 지지해주길 바란다. 그 사람은 우리가 선뜻 하지 못하는 일을 하고, 우리에게 없는 꾸준함을 지녔지 않은가.

살다 보면 불만이 생기기 마련이다. 일도 싫고 전공도 스스로 선택한 게 아닌데, 인생은 점점 생각과 다른 방향으로 흘러가는 듯하다. 하지만 용감하게 직장을 그만두고 좋아하는 일을 하는 건 아무나 할 수 있는 일은 아니다. 그래도 용기는 우리 마음속에 잠

자고 있다. 마음을 깨워 그 안의 작지만 진정한 자신을 기억하고, 마음속에 잠자는 용기를 잃지 마라. 그리고 긴 인생에서 결국 어느 날 진정한 자신을 되찾을 수 있다고 믿어라.

3장

탈출구가 아닌 돌파구를 찾아라

꿈이 있는 사람은 지치지 않는다. 꿈이 가장 좋은 신앙이라고 믿는다. 꿈이 있는 사람의 마음은 희망이 가득하다. 꿈을 좇는 길에서는 땀도 향기롭다.

무작정 회사를 그만두기 전에 알아야 할 것

얼마 전 회사를 나온 자이선생은 여유가 넘쳤다. 매일 늦잠 자고, 책 읽고, 노래를 흥얼거리며 햇볕을 만끽하며 편하게 지냈다. 하지만 얼마 못 가, 정곡을 찌르는 말을 뱉었다.

"맨몸뚱이로 그만두고 나왔더니 볼일 볼 때도 내 집 물을 써야 해!"

뭔 황당한 소리인가 싶었다가 가만히 생각하니 화면이 그려지는 것 같다. 회사 다닐 때는 아침저녁엔 자기 집 화장실을 쓰지만, 그 외엔 회사에서 따뜻한 물도 마음껏 쓰고, 거품 세정제, 손 건조기까지 사용한다. 맨몸뚱이로 회사를 그만두기 전엔, 그게 얼마나 복에 겨운 일인지 모른다.

젊은이들은 충동적이다. 충동을 느꼈다가 분노하고, 분노한 뒤엔 침착함을 잃는다. 최근 몇 년간 물가는 천정부지로 치솟았지만, 월급은 늘 제자리다. 게다가 업무 스트레스가 커지고, 슬프고 분해서 무슨 일을 저지를 것만 같다. 그래서 퇴사를 결심한다. 회사를 때려치고 나오는 순간만은 완벽하고 신성하기까지 하다. 패기 넘치는 모습과 영웅적인 자태에 부러움과 질투가 날아온다. 그리고 카리스마 넘치게 말한다. "소인은 그만두겠소. 하고 싶어 하는 놈한테 시키시오. 이제 이 몸은 그만 물러가리다!" 하지만 그 순간이 지나면 침착함이 사라진다….

맨몸으로 회사를 때려치우고 나온 두 친구가 있다. 퇴사하고 비참해지기까지 내가 두 눈으로 지켜봤다. 이 글을 쓰기 위해 특별히 모셔온 이들의 속 이야기를 들어 보자.

• 남자 1호: 27세, 베이징 거주, 시간이 흐르면서 마음이 허해짐.

오빠는 말이야, 그만둘 때는 정말 신났어. 책 보고 싶으면 보고 자고 싶으면 자고. 또 내가 문학적이잖니. 유유자적 음악을 감상하고 햇볕을 즐겼었지! 할 일이 없어서 친구들한테 밥도 해줬어. 그때는 평생 일 안 하고 살면 소원이 없겠다고 생각했지. 근데 행복은 오래가지 않는다는 말처럼 마음이 조급해지더군. 모아 놓은 돈이 얼마 안 남았고 생활도 무미건조해지기 시작했어. 매일 풀떼기만 먹고, 아주 가끔 고기를 먹었어. 날짜 맞춰서 임대

료 2,000위안을 내야 해서 돈이 쪼들리기 시작했어. 영어 공부한 답시고 3,000위안을 썼더니, 수중에 달랑 1,000위안밖에 없더라. 그래도 살아야 하잖아. 그런데 알다시피 1,000위안을 누구 코에 붙이겠어. 전기세에 통신비에, 다 내고 났더니 며칠 만에 없어지더라. 그나마 주식에 넣어 놓은 20,000위안이 있었어. 다행히 시세가 괜찮아서 2,000위안 정도 벌었지. 그래서 그 2,000위안만 꺼내고 나머지는 그대로 놔뒀어. 근데 그 뒤에 주식이 확 떨어져서 피만 봤어. 어쨌든 달랑 2,000위안으로 버틴 몇 달은 정말 암울했어. 설상가상으로 매달 부동산 대출을 갚아야 할 날이 오고 말았어. 주식 말고도 은행에 정기예금 20,000위안이 남아 있긴 했어. 손댈 용기가 없었는데 안 쓰고는 못 배길 상황이었어! 그것도 모자라서, 주식까지 울며 겨자 먹기로 팔 수밖에 없었어. 그리고 여기저기 이력서를 보냈어. 처음엔 아무 생각 없다가 받아주는 회사가 없으니까 위축되더라고. 그래서 더 미친 듯이 이력서를 넣었어. 지금은 사는 게 지옥 같아. 이제 영영 일자리는 못 찾는 건가 무섭기까지 해.

• 여자 1호: 24세, 스트레스가 엄청 큼.

퇴사할 때는 비장했어요. 아빠가 집에 돈이 없는 것도 아니란 말도 하셨고, 갓 졸업한 저는 애나 마찬가지였어요. 그래서 뭐 하러 힘들게 사나, 젊음을 허비할 필요가 있나 싶어서 회사를 그만두고 나왔어요. 그때는 어디에 가서 뭘 해야 할지 생각도 안 했어요. 매일 칠레레 팔레레 쇼핑하고 점심으로 맛있는 것을 먹고 사진 찍어서 인터넷에 올리고 그랬죠. 그때는 모두 저를 부러워했어요. 제가 디저트 먹고 있을 때 친구들은 PPT나 만들고 있었으니까요. 그래서 결국 친구들과는 다른 삶을 살게 됐구나 생각했어요. 그런데 시간이 지나면서 저축해 놓은 돈을 다 쓰고 집에 손을 벌리기 시작했어요. 처음엔 아무 생각 없었어요. 그런데 스물네 살짜리가 아빠한테 돈 달라고 말하려니 입이 잘 안 떨어지더라고요. 가끔 텔레비전에 캥거루족, 이런 말이 나오면 내 이야기 하나 싶어서 뜨끔했어요. 그때부터 너무 무턱대고 그만뒀나, 무슨 일을 해야 하나, 예전처럼 힘들지 않을까, 일이 다 그렇게 힘든 건가, 내가 너무 어렸나 등등 별생각이 다 들었어요. 왜 불안한지 몰랐고 충동적으로 회사를 나왔다는 생각이 들더라고요. 퇴사한 뒤에도 마음을 정리하지 않고 그냥 문제를 방치했어요. 사실 도피한 거지요. 그 뒤로도 문제의 매듭이 풀리지 않은 채 마음에 남았다는 느낌이 들었어요. 지금도 방황하면서 공황상태에 빠져 있어요.

나중에 뭘 할 건지 잘 생각하고 그만둬야 한다. 무엇을 위해서 퇴사하는지도 생각해야 한다. 대부분 마음속의 무거운 짐과 우울함을 견디지 못해 허둥지둥 그만두고 나온다. 하지만 짧은 행복이 지나고 공황이 찾아온다. 특히 베이징, 상하이, 광저우 같은 대도시에서는 수입이 있어도 살기 힘든데, 소득이 없어지면 삶이 얼마나 각박할지 상상이나 되는가.

인터넷에 '매력+재력+능력=즐거운 퇴사'라는 공식이 유행했었다. 이 공식대로 퇴사할 만큼 능력이 있는 사람은 별로 없다. 그래서 시도 때도 없이 그만두고 싶다는 생각이 용솟음쳐도 선뜻 행동에 옮기기는 어렵다. 퇴사하려면 집값, 생활비, 예상치 못한 비용까지 싹 다 마련해야 한다. 3개월 정도 월급만 있으면 퇴사해도 된다고 말하는 사람이 있다. 혹자는 6개월, 많게는 1년까지 보는 사람도 있다. 어쨌든 경제적인 문제에 대한 두려움 때문이라도 퇴사가 주는 매력을 다시 한 번 생각하기 마련이다.

재직 중이라면 앞으로 옮길 회사에 큰소리 땅땅 칠 수 있겠지만, 과연 실직 상태에서도 그렇게 당당하게 높은 연봉을 요구할 수 있을까? 새 회사로 옮겨 새 생활을 시작하기 전까지, 소득 없는 생활을 어떻게 버틸 것인가? 그리고 지금보다 더 만족스러운 직장을 찾을 자신이 있는가? 매력, 재력, 능력 삼박자를 두루 갖춰야만 회사를 그만두는 데 힘이 실린다!

그렇다면 회사를 그만두는 일을 두려워만 해야 할까? 물론 아니다. 퇴사가 주는 공포를 어떡하면 이길 수 있을까? 새 회사를 찾아야만 극복되는 걸까? 하지만 정말 쉬고 싶단 말이다! 솔직히 이 문제는 평소에 얼마나 준비하느냐에 해결의 열쇠가 있다. 평소에 흥청망청 돈을 쓰지 않든가, 퇴근하고 취미나 흥미를 잘 살려서 돈을 버는 것도 괜찮은 선택이다. 타오바오에 쇼핑몰을 내든가, 그래픽 디자인, 구매대행, 글쓰기 등 많진 않아도 약간이나마 수입이 보장된 일을 하는 거다. 그리고 이런 부업들이 당신을 새로운 길로 인도해줄지도 모른다.

일하면서 새로운 것에 끊임없이 도전해야 한다. 그렇게 자신의 잠재력을 찾고 부족함을 채워야 한다. 그리고 자기 직업과 다른 일을 시도해 보아야 한다. 그러면 힘들어서 그만두고 싶을 때, 더 나은 길이 당신을 기다리고 있을지도 모른다. 어쨌든 회사를 그만두는 게 좋다, 나쁘다 따지는 것은 의미가 없고, 자신이 어떤 삶을 원하는가가 제일 중요하다.

여행이 문제를 해결해주진 않는다

일본 관서 지방과 도쿄로 여행을 갔었다. 11일간의 여정은, 솔직히 말해서 피곤해 죽을 지경이었다. 밥 한 톨까지 싹싹 긁어먹어도 배고프고, 배고프고 또 배고팠다. 아마 며칠 더 있었다면 거지꼴을 면치 못 했을 거다. 11일 동안이어서 망정이지 세계 일주였다면 부랑자로 전락하고 말았을 거다.

'세계 일주'라는 네 글자는 모두가 열망하는 단어이자, 꿈으로 가장 많이 꼽히는 단어다. 하지만 요즘은 의미가 살짝 변했나 보다. 사람들은 걸핏하면 여행을 해결 수단으로 삼는다. 일이 뜻대로 안되면, 자기 꿈은 세계 일주지 억지로 출근하는 것이 아니란다. 상사에게 욕먹으면, 자기는 세계 일주를 해야지 사무실에 앉아 있을 사람이 아니란다. 시험 성적이 시원찮으면, 자기 꿈은 세계 일주라며 외국 학생들이 세상을 누비는 걸 좀 보라고, 학교 선생들이 고리타분하다고 욕한다. 집이랑 차는 사고 싶지만, 자기 꿈은 세계 일주라서 돈과 인생을 전부 집이나 차 같은 구조물에 허비하기 싫다며 돈을 모으지도 않는다. 우리 인생에서 회사, 학교, 집과 차, 결혼과 육아를 빼면 여행밖에 남는 게 없는 것처럼 느껴진다.

나도 20대 초반에는 유럽, 아메리카 등등 여기저기 여행을 다니고 싶었다. 돈은 별로 없었지만 젊은이의 열정은 있었다. 누구나 그렇듯이 어릴 땐 돈은 없지만 시간은 있다. 반대로 나이가 들면 돈은 있지만 젊은 시절의 열정은 없다. 맞는 말이다. 하지만 그렇다고 젊다는 걸, 휴학하거나 회사를 그만두고 여행 가는 핑계로 삼으면 안 된다.

요즘, 일을 그만두고 여행을 떠나는 젊은이들을 자주 본다. 그런데 여행을 간다고 반드시 자아를 찾을 수 있는 것도 아니고, 해외여행 30일 했다고 꼭 외국에 남고 싶어지는 것도 아니다. 더욱이 돌아와서 더 좋은 일과 미래를 찾는다는 보장도 없다. 도대체 여행의 의미가 뭘까? 젊은이들이 추구하는 진취적이고 자유로운 여행의 진짜 목적은 세상을 보기 위한 건가, 아니면 현실 도피인가?

인생은 길다. 지금 구속받으면 언젠가 자유를 보상받는다. 항상 전부 가질 순 없다. 일도 제대로 못하고, 먹기만 먹으면서, 거기다

그만두고 여행까지 가겠다는 건, 너무 비현실적이라고 생각하지 않는가? 젊은 시절 시간을 허비하면, 나이 들어 자유를 대가로 치러야 한다. 젊은 시절의 분투를 대가로, 인생의 다른 단계에서 자유를 누릴 수 있다.

갓 입사해서 선배들이 미친 듯이 바쁘게 사는 모습을 보고, 내가 꿈꿔왔던 삶은 이게 아닌데 싶었다. 그래서 세계 일주를 하고 싶다는 생각이 들었다. 하지만 그때 그만두고 여행을 갔어도, 기껏해야 베트남이나 라오스, 캄보디아밖에 못 갈 형편이었다. 그런데 선배들은 그렇게 바쁘면서도, 일 년에 한 번은 아시아, 아프리카. 아메리카, 이탈리아로 여행을 떠났다. 나는 시간이 흐르고 나서야 일과 여행이 완벽한 공존관계라는 사실을 깨달았다.

직위가 오르면 유급 휴가도 많아진다. 월급이 많으면 특가 항공권을 사서 꼭 정해진 시간에 출발할 필요도 없다. 공휴일과 개인 휴가를 잘 합치면 여유를 즐길 수 있다. 그리고 직급이 높고 능력 있으면, 여행에서 돌아온 뒤 자리가 없어질까 노심초사할 필요도 없다. 극도로 피곤해서 두 달 정도 쉬고 와도, 여전히 서로 데려가지 못 해서 안달이다. 가진 거라곤 젊음밖에 없는 우리는 그 젊음을 몽땅 올인해도 범접할 수 없는 수준 아닌가.

고등학교 동창 한 명이 생각났다. 국제 기자인데 매일 세계 각지를 날아다닌다. 우리가 개인 여권으로 가지 못하는 곳을 그 친구는 별 힘 안 들이고 간다. 게다가 여행에 드는 경비를 다 국가에서 부담한다. 이쯤 오면 누군가 말한다. "대박. 거기 사람 더 안 뽑나요?" 흠, 아무나 할 수 있는 일이 아니다. 우선, 영어가 수준급이어야 한다. 친구는 대학 1학년 때 벌써 유명 학원에서 영어 선생님을 했고, 중간에 미국에서 2년 동안 유학했다. 글쓰기 수준도 상당해야 한다. 특히 영어 글쓰기 실력이 강해야 한다.

예전에 열네 살에 대입시험 수석을 차지하고, 베이징 대학에 합격한 여학생과 이야기를 나눈 적이 있다. 그 아이는 학기마다 교환학생으로 외국에 나간다. 그 여학생이 말했다. "그냥 다른 사람이 불평불만하는 시간에 역사책에 있는 비고란을 읽어요." 들었는가? 우리같이 10분 더 일찍 일어나는 것도 버거워하는 평범한 사람이 에어컨이 빵빵한 사무실에서 일할 수 있는 것 자체에 감사하라! 사장에게 왜 1년에 휴가를 30일 주지 않느냐고 삐죽거리지 마라, 알겠는가?

유유자적 여행하고픈 꿈은 누구나 있다. 하지만 현실적으로 잘 생각해보자. 이 세상에 특혜란 없다. 멋있어 보이는 여행가가 겪은 고생과 땀, 갖가지 위험, 모골이 송연했던 순간들을 생각해 본 적이 있는가? 여행 쪽에서 꽤 유명한 친구가 말했다. "스폰서가 있으면 돈 걱정은 안 하지. 그런데 세상에 공짜가 어디 있어. 글 쓰고 광고할 때 스폰서가 하라는 대로 써야 해. 글 쓰는 데 제약이 있는 건, 돈 없는 것보다 더 괴로워."

젊은이들의 여행을 반대하는 것은 아니다. 그냥 여행을 핑계로 무턱대고 직장을 그만두면 안 된다는 말이다. 장애를 만나면, 여행을 도피처로 삼지 말고 문제 자체를 해결해서 성장하길 바란다. 세상은 넓고 인생은 길다. 회사를 그만두고, 여행을 가고 싶다면, 지갑을 먼저 열어 보고 돌아온 뒤의 길을 생각해 보라. 물론 누군가는 세계 일주를 한 뒤, 명성을 얻고 돈도 벌고 멋지게 살 수도 있다. 하지만 우리처럼 평범한 사람은 여기저기 깔려 있는 여행 광고에 휩쓸리면 안 된다. 이 사실을 절대 잊지 말아야 한다.

매일 스스로에게 물어보라. 피부가 좋고 얼굴이 예쁜가? 키 크고 잘생겼는가? 아니면 돈이 많은가? 자, 됐다. 이제 출근이나 해라!

사랑하는 친구야, 출근은 왜 하니

사랑하는 징징에게

멀리 홍콩에 있는 네가 울면서 말했어. 일하는 의미가 뭔지 모르겠다고. 매일 힘들게 보고서를 쓰고 이상하기 짝이 없는 표를 만들고…. 상사의 기분에 따라 울고 웃고, 미국에 있는 사장만 기분 좋아 보인다고. 회사 동료들의 힘겨루기가 심하다고 했지. 너는 기에 밀려서 괴롭힘을 당한다며 마음이 복잡하고 우울하다고 했어.

징징, 넌 전화로 늘 회사나 일 이야기를 해. 그런데 생각해 본 적 있니? 출근하는 이유를.

돈 벌어서 식구들을 먹여 살리려고? 경험을 쌓으려고? 일 자체를 MBA라고 생각해서? 회사를 꿈을 실현할 곳이라고 생각해서?

맞아. 돈을 벌어서 가족을 부양할 수 있지. 먹는 거에 사족을 못 쓰는 네 입에 음식도 넣어 주고. 그런데 그건 지극히 기본적인 거야.

직장에서 언짢은 일은 늘 있어. 살면서 싫은 사람을 만나는 것처럼. 넌 항상 내가 운이 좋다고 말하지. 동료들이 잘해주고 사람들 간에 암투도 없다고. 그런데 다른 각도에서 동료들을 생각해 볼래? 동료들이 너를 견제하고 공격하고 괴롭혀도, 너는 동료들로부터 무언가를 배울 수 있을 만큼 똑똑한 사람이잖아.

내가 대학 2학년 인턴이었을 때, 회사에 정규직 사원이 있었어. 그 직원은 기분이 나쁘면 나한테 화풀이를 했어. 억울했지만 사무실에서 울 용기가 없더라. 그런데 그 직원은 똑똑했고 소통 능력도 뛰어났어. 내가 우물쭈물하는 말을 그녀는 매너 있고 시원하게 말했지. 같이 전화회의에 들어간 적이 있었는데, 나는 거들떠보지도 않더라. 말도 못하고 방해된다고 생각했겠지. 맞아, 난 말을 잘 못 했어. 그래도 듣는 귀는 있었어. 그녀가 하는 잡담까지 귀를 쫑긋 세우고 들었어. 영어로 유창하고 정확하게 말하는데, 매너까지 있더라. 전화기 너머로 사람의 기분과 반응까지 파악하던 걸. 그렇게 다섯 번의 통화를 들으면서 말하는 방법을 배웠어.

그리고 징징, 회사를 뭐라고 생각하는지 고민해봐. 얼마 전 TV에서 알리바바 그룹의 부사장이었던 웨이저의 인터뷰를 봤어. 미인인 부인과 장난기 가득한 아들도 나왔어. 그리고 침실에 화병도

가져다 놓고, 3층에 있는 별채를 좋아한다고 나오더라. 돈 있는 사람들 취향이 그러려니 하면서, 웨이저가 특별한 사람이라고는 전혀 생각하지 못 했어. 그런데 경력이 특이하더라고. 원래 그는 재무 쪽에는 문외한이었대. 그래서 다국적 회계컨설팅 기업인 PwC의 직원으로 들어가 1년간 일했다는 거야. 월급도 줄고 전용 자동차도 없던 1년의 세월이, 오늘날 B&Q China의 재무이사가 될 수 있었던 밑거름이 되었다고 해.

웨이저는 회사가 완벽한 경영 대학원이라고 했어. 좋은 회사든 아니든 배울 게 많은 MBA 사례니까 MBA 수업이라고 생각하고 출근하래. 본인 회사가 어떻게 경영되고 있는지 알아야 한대. 어떤 상품을 개발하는지, 시장 점유율을 어떻게 올리는지, 고객의 신뢰를 어떻게 얻는지, 재무팀은 어떻게 운영되는지, 재무이사는 무슨 일을 하는지 등을 말이야. 지금 하는 프로젝트가 처음에 어떻게 나왔고 또 어떻게 마무리 되었는지, 보고서를 어떻게 썼는지, 비용처리를 어떻게 했는지까지도 알아야 한다고 했어. 업무를 MBA라고 생각하고 열심히 공부해야 큰 성과를 얻을 수 있대.

징징, 직장에서 성장하면서 장점을 찾고 자신이 되고 싶은 사람이 되려고 노력해야 해. 직장 생활 초반에 자기가 잘하는 분야에 배치되는 일은 거의 없어. 자기는 잘한다고 생각했는데 사실 그렇지 않은 경우도 있어.

컴퓨터를 전공한 친구가 있는데, 입사하고 1년 뒤에 자기가 그 회사에 맞지 않는다는 사실을 깨달았어. 친구는 자기가 매장을 관리하고, 고객과 협상하는 일에 적합한 사람이 아니라고 생각해서 글로벌 500대 기업에 드는 직장을 아무렇지 않게 그만뒀어. 그리고 IT업계로 옮겨서 자기에게 맞는 일을 성실하게 하고 있어.

졸업할 때, 우리에게 보인 건 화려한 타이틀, 어마어마한 연봉, 어깨를 으쓱하게 하는 채용 통지서, 부모님의 자랑스러운 미소밖에 없었어. 자신의 마음은 분명하게 볼 여유도 없었을 거야. 그래서 행운이라고 생각한 회사에 덥석 들어갔어. 그러다 1년, 2년 시간이 지나고 자신의 장점을 발견하고, 더 큰 세계를 보고, 더 향기로운 냄새를 맡게 되지. 그리고 그때야 자신의 마음을 정확하게 바라보게 돼.

네 마음을 똑바로 마주 보고 마음속에 행복한 세상을 만들기를 바라. 글 쓰는 게 좋으면 작가가, 커뮤니케이션이 좋으면 PR이, 가르치는 게 좋으면 선생님이, 정보를 나누는 게 좋으면 웹사이트를 만들면 되는 거야. 세상에서 너다운 네가 최고인 거야. 평생 하고 싶은 일을 위해서, 2년 동안 이리저리 부딪히며 겨우 찾아낸 꿈을 위해서, 자신이 되고 싶었던 바로 그 사람이 되기 위해서 노력해야 해.

징징, 네게 뭐든 하려는 용기가 있다면, 배우고 싶고 알고 싶다면, 눈을 반짝이며 3년 동안 직장 생활에 몰두하길 바라. 3년 동안만이라도 돈을 얼마나 버는지, 노력과 결과가 정비례하는지, 그런 거에 연연해하지 않았으면 좋겠어. 너 자신의 강점과 약점을 찾는 데만 신경 쓰길 바라. 매사에 최선을 다하고 인맥을 눈덩이처럼 불리는 데 집중해야 해. 그리고 믿을 만한 사람을 구별하는 것도 배워야 해.

제일 중요한 건 3년 동안 자신의 장점과 성격을 이해하고 개성을 잃지 않아야 한다는 거야. 그리고 꿈을 키우고, 가장 행복한 일을 하기 위해서 용감해지길 바라. 그러려면 변화를 겁내지 않고 고독을 이길 수 있을 만큼 강해져야 해. 너는 똑똑하잖아. 홍콩에 남겠다고 했을 때 나는 네가 용감하다고 생각했어. 평생 좋아하는 일을 하면, 나이가 들고 인생의 묘미를 알게 될 거야. 글로 남길 가치가 있는 인생이 바로 이런 거 아닐까.

네가 현명하고 용감하게 내 말대로 한다면, 직장 내 힘겨루기 따위에 낭비할 힘이 없을 거야. 그렇지? 얼른 진정한 너로 돌아가 재충전하고 회사로 가길 바라. 어쨌든 매일매일 열심히 사는 게 제일 중요하니까!

대체 자격증이 몇 개나 있어야 하나

메일함에 편지 한 통이 들어 있었다.

"안녕하세요. 제 전공은 인적자원 쪽이에요. 인적자원 자격증을 따면 취업에 유리할까요? 이 자격증이 큰 도움이 될까요?"

솔직히 나는 그 자격증이 뭔지도, 얼마나 유용한지도 잘 모른다. 그런데 편지를 보고, 인터넷에서 꽤 유명했던 사람이 한 명 떠올랐다. 서른두 살의 '학력의 신'이 말이다. 그녀는 16년 동안 7개 학교의 졸업장과 8개의 학위를 땄고, 박사 공부까지 생각하는 공부 광이다. 학교가 좋아서 그대로 남아 학업에 매달렸고 결국 학력의 신이 되었다. 그녀는 자신이 부동산 임대 수입으로 생활을 유지하니까, 사회에서 유리된 사람은 아니라고 했다. 자신은 동시에 두 마리 토끼를 잡는 사람의 표본이라고 주장했다. 뭐 사람마다 사는 게 다른 거니까, 별말은 하지 않겠다. 어쨌든 꿈과 목표를 위해 자격증이 필요한 것이지, 자격증을 꿈과 목표로 여기면 안 된다.

막 대학에 들어갔을 때 학교 어떤 건물 입구에 학생 모집 광고가 더덕더덕 붙어 있었다. 90%가 BEC Business English Certificate, GRE, 심리학, 컴퓨터, 부동산 관리 등 각종 자격증을 광고하는 거였다. 하도 많아서 눈이 돌아갈 지경이었다. 나도 의욕에 타올라서 딸 수 있는 한 모조리 따겠다고 결심했다. 그런데 결국, 달랑 영어 자격증 2개만 따기 위해 시험을 쳤는데도 탈진되고 말았다. 비용도 만만찮아서 한동안 굉장히 침울했었다.

그 뒤로 나는 지금까지 자격증에 대해 생각하고 있다. 사실 자격증은 없는 것보다야 있는 편이 낫다. 하지만 꼭 많을수록 좋다고 할 수는 없다. 나는 많은 자격증 중 영어 관련 자격증이 가장 믿을 만하고 영향력이 있다고 생각한다. 정해진 모범답안이 없는 시험이기 때문이다. 물론 학원에 스킬을 알려주는 수업이 있긴 하지만, 엄청난 단어량을 소화하고 시험 내용을 꿰고 있어야만 좋은 성적을 낼 수 있다. 그리고 고비를 넘기면 실력이 훌쩍 늘 수 있다. 그럼 다른 자격증은 어떤 기준으로 선택해야 할까?

알다시피 회계사, 변호사, 의사 등은 해당 자격증을 따야만 일을 할 수 있다. 꼭 이런 분야에서 일하고 싶다면 앞뒤 생각할 것 없이 자격증 따야 한다. 하지만 직장 생활에 써먹을 일이 없는 자격증은 필요 없다. 가끔 대학생들이 PR을 하려면 자격증이 있어야 하냐고 묻는다. 그런데 내게는 이상한 질문으로 들린다. 왜냐하면 동료 중에 자격증이 있어서 입사했다는 말을 한 번도 들어본 적이 없기 때문이다. 최소한 당신이 하고 싶은 분야의 필수 자격증이 무엇인지 정확히 알아보는 것은 기본이다.

자기 전공분야에서 일하는 사람과 접촉해 보는 것도 좋다. 그 분야에서 직원을 모집할 때 어떤 자격증을 중요하게 생각하는지 물어보라. 그런데 그 분야에 몸담은 사람을 찾아 자문하는 것이 대학생에게 어려운 일일 수도 있다. 그럼 인터넷에서 그 분야를 전문적으로 다루는 홈페이지를 찾아서 알고 싶은 정보를 검색해 보라.

영어 자격증 중에서는 대학영어 4~6급을 기본으로 따고 GRE나 TOEFL같은 국제공인시험에 도전하는 것이 가장 좋다. 외국기업 입사지원서에 영어 수준을 기입하는 부분이 있기 때문이다. TOEFL이나 IELTS 점수가 높지 않다고 해도 최소한 어휘량을 늘리기라도 해야 한다.

자격증은 자신의 학업 성취도를 가늠하는 방법 중 하나라는 점에 주의해야 한다. 이런 방법을 통해서 궁극적으로 무엇을 배울

지가 중요하다. 중국어 전공인데 바득바득 사법시험을 치고, 지리 전공인데 무리해서 회계사 시험을 치는 사람들이 많다. 이건 자학이나 마찬가지다! 제발 자격증만 따면 직장 생활에 탄탄대로가 생길 거라고 착각하지 마라. 자격증은 시작일 뿐이다. 정작 직장에 들어가 머리가 텅텅 비었다는 사실을 자각하는 건 최고의 비극이다. 사실 자격증을 딸 때, 사람들은 거의 다 시험 직전에 벼락치기로 달달 외우지, 시간을 들여 공부해서 지식을 쌓지 않는다. 여기저기 그물 치듯 발을 걸치지 말고, 작은 길 위에서 성실하게 한 걸음씩 걸어가라.

내 인생은 이대로 흘러가는 걸까?

한동안 슬럼프에 빠진 적이 있다. 나는 대학을 졸업한 이후로 남들이 다 부러워하는 꿈의 도시에 살고, 선망의 대상인 세계 500대 기업에 다니고, 취미도 잘 살리고 있다. 더불어 형편도 훨씬 나아졌고, 정서적으로도 안정되고 행복하다. 또 가족 모두 건강하고 화목하고 편하게 지낸다. 하지만 앞으로의 인생이 불을 보듯 뻔하게 느껴졌다.

아마도 아이를 낳아 기르고, 20년 정도 더 일하고 퇴직해서 여유로운 생활을 즐길 거다. 매일 쉬지 않고 글을 쓰다 보면, 글솜씨도 크게 향상될 거다. 인생의 새로운 페이지가 펼쳐져 역할이 늘어나고, 인간관계가 다양해질 수도 있다. 난관 극복 능력은 강해지겠지만 뜨거웠던 열정이 식을 수도 있다. 이렇게 내 인생은 그냥 이대로 흘러가는 걸까? 어린 시절엔 마음에 온 세상이 다 있었는데, 어째서 지금은 작은 길 하나도 없는 걸까?

나와 친구들은 살면서 똑같은 단계를 밟고 있다. 졸업하고, 사회에 진출하고, 돛대 없는 배처럼 갈피를 못 잡았다. 몇 년 뒤 안정되나 싶었는데, 또 집 사랴, 차 사랴, 결혼하랴 정신이 하나도 없다. 또 몇 년이 흐르고, 사업에 성공하거나 승진을 해 물질적으로 여유가 생겼다. 그러다 인생 목표가 갑자기 사라지면서 우울해졌다.

살다 보면 족쇄가 점점 늘어난다. 그래서 인생의 다음 여정을 시작하고 싶다면, 명성, 돈, 성공, 자부심 등 들고 있던 족쇄를 내려놓아야 한다. 또, 견문과 학식이 커질수록 내면은 도리어 작아진다. 그러다 결국엔 SNS를 뒤적거리거나 친구목록이나 훑어보며 자신이 싫어했던 모습으로 살아간다.

사람들은 몇 년 일하고 직장 생활이 단조로워지거나 난관에 부딪히면 쉽게 절망을 느낀다. 때마침 인생이 집, 차, 아이에 집중하는 단계로 접어들고 스트레스와 불안이 늘 따라다닌다. '무슨 얼어 죽을 어린 시절의 내면세계야. 그런 건 유치한 어린아이에게나 통하는 거지.'라고 생각한다. 인생이 정말 이렇게 서글퍼진 건가? 구제할 수 없는 지경까지 가버린 걸까?

그래서 어느 날 일찍 일어나 삶을 바꿔보자고 결심했다. 머리를 비우고 과거와 지금까지 이뤘던 전부를 잊어보려 했다. 나를 내가 아닌 전혀 다른 사람이라고 가정하고, 족쇄 없이 자유로운 그 사람의 생활이 어떻게 흐르는지 보고 싶었다. 약간 황당하게 들릴지도 모르겠다. 나는 백지상태에서, 아무런 목적 없이 목공, 자연, 윤회, 심령, 정신병, 의학 등 평소에 보지 않던 책을 읽었다. 그리고 계산적인 사고방식에서 벗어나, 마음의 소리를 따라 결정했다. 내 영혼에 반년 동안 휴가를 주기로 한 것이다. 무슨 목표를 위해서가 아니라 순전히 호기심을 위해서였다.

낯선 것을 접하고, 마음을 천천히 비웠더니, 내가 몰랐던 길이 많았다는 점을 발견했다. 아직 공부하고 성장해야 할 부분이 많다는 사실을 깨달았다. 그랬더니 눈앞의 세계가 확 커졌다. 새롭게 접한 미지의 것이 전부 재미있었다. 그러면서 새로운 미래의 방향을 찾고, 어떤 태도로 미래의 세계를 맞이하면 좋을지 깨달았다.

그 과정을 겪으며 과거를 반성했다. 예전엔 명확한 목적이 있어야만 했고, 달성하지 못하면 인생이 실패했다고 생각했다. 하지만 도대체 성공이 무얼까? 우리 눈에는 각각의 목표만 보인다. 하지만 이렇게 큰 세상에서, 그냥 목표 없이 좋아하는 일에 도전해 볼 수도 있지 않은가? 그래서 난 '0'으로 돌아가서 과거의 나를 완벽히 잊고 새로 시작하기로 결심했다. 자세를 낮추고 겸손한 마음으로, 아이 같은 눈과 호기심을 가지고 주변 세계를 관찰했다. 그렇게 매일 새로운 걸 발견했고, 그 과정이 신기하고 즐거웠다.

사실, 우리 마음의 십자가는 자신이 지운 것이다. 놓는 건 그리

어렵지 않지만, 스스로 놓고 싶지 않을 뿐이다. 마음이 지치고 괴로우면, 마음에 계산하지 않는 작은 공간을 만들어야 한다. 그래야 마음에 신선한 공기가 들어오고 삶에 채워진 족쇄를 떠나 새로운 방향과 가능성을 찾는다. 그리고 새로운 것에 대한 호기심이 마르지 않아야, 젊음과 열정을 잃지 않는다.

마음이 자유로우면 영혼도 자유롭다

우리가 마음을 탁 터놓고 말해 본 게 언제였을까? 마음 깊은 곳에 열정을 숨겨두고 산 지 얼마나 된 걸까? 분노, 원망, 슬픔을 자신의 일부분인 양 함께 한 세월은 또 얼마나 된 걸까?

마음껏 놀아 본 게 언제였을까? 우리의 머리엔 온통 일로 가득하고 시간에 쫓겨 앞만 보고 달린다. 하지만 그 앞에 무엇이 있을지 아는 사람이 과연 있을까? 일출 무렵 창가에 앉아 과일과 우유, 빵과 같은 신선한 아침을 즐겨 본 게 언제였을까? 열쇠, 지갑, 핸드폰을 가방에 던져 넣고 주린 배를 움켜쥔 채 지하철역으로 달려가던 날들은 또 얼마나 많은가?

우리 마음은 갇혀 있다. 그리고 미지의 것에 의해 억압당하고 있다. 우리는 했던 일이 학업이나 업무, 자기계발과 관계가 없으면 시간을 낭비했다고 엄청나게 후회한다.

우리는 매일 뭔가를 쫓는다. 하지만 날이 갈수록 평범하고, 불만만 많고, 가십 거리에만 열중하는 사람이 되어 간다. 그리고 현실의 슬픔을 거부한다. 어두운 밤, 천장을 마주한 채 지난 20년을 회상하면서, 뭐 하나 가진 것이 없다는 생각에 절망한다.

자유라는 것은 우리 영혼에서 멀찌감치 떨어져, 어느 구석으로 숨어버렸다. 그리고 우리의 광분하거나, 평범하거나, 냉정하거나, 고독한 인생을 바라본다. 자유를 찾을 수 없는 우리는 언젠가 자유를 만나길 갈망한다. 솔직히 '경제적인 자유'를 만나길 갈망한다고 해야 맞겠지만.

그렇게 우리는 세속적이다. 그렇다고 틀렸다고 말할 수는 없다. 돈이 없으면, 꿈은 환상에 지나지 않는다. 돈이 없으면, 평생 쪼들리는 여행밖에 못 한다. 돈이 없으면, 아무리 아이디어가 기발한 과학기술이라도 텔레비전에서나 볼 수 있는 신기한 것에 지나지 않는다. 돈이 없으면, 아무리 뛰어난 인테리어 고수라도 3평 남짓한 좁은 방조차 꾸밀 여유가 없다.

그래서 우리는 돈을 좇는다. 하지만 많이 벌고 아껴 써도, 치솟는 물가 때문에 여유로운 삶에 대한 갈증만 더해진다. 그러다 보니 욕을 해대지만 그러면서도 여전히 돈만 보고 달린다. 남보다 덜 유명한 학교에 가면 어쩌나, 남보다 덜 대단한 회사에 가면 어쩌나 전전긍긍한다. 만약 다들 고만고만한 회사에 다니면, 남이 다니는 회사의 복지제도, 대우, 실비 정산 한도액이 나보다 나은지 비교한다. 비교에 익숙한 삶 속에서, 우리의 화제는 집, 차, 자녀로 국한된다. 젊은이들의 이야기는 회사 환급액, 복지, 해외여행 이야기가 주를 이룬다. 물론 이것이 틀렸다고는 할 수 없다.

전에 책을 좋아하는 사람한테서 500위안을 주고 중고 책 200권을 샀다. 거의 1950년대에 출판된 책이었다. 종이가 누렇게 변색된 낡은 책이었고 출판 당시 정가가 대부분 0.89위안 정도였다. 200권이 적은 양도 아니고, 또 500위안이 적은 액수도 아니지만 일말의 망설임도 없이 샀다. 50년대를 탐색해 보고 싶어서였다. 따로 마련한 책장에 책들을 고이 모셔두고 조심조심 꺼내 읽었다.

어린 시절 받았던 주입식 교육이 남겨준 최고의 선물은 그 시절 외웠던 지식이다. 그 지식 덕분인지 오래된 책을 읽으며 익숙한 기억들이 되살아났다. 한 자 한 자 차분히 읽다 보면 50년대로 돌아간 듯했다. 낯선 시간으로, 생소한 곳으로 날아가, 그 시대 사람들의 감정과 아픔을 느꼈다. 정말 흥미로운 일이었다.

역사, 지리, 우주학에 관련된 책을 좋아해서 그런지, 시간 여행이 즐겁다. 안개 자욱한 시공 속에서 내가 먼지처럼 미세한 존재로 느껴졌다. 끝없이 펼쳐진 시간의 강에서 놀라움과 호기심을 가지고 벽에 기대어 조심조심 걸었다. 현실에서 도망치듯 과거의 환상으로 걸어갔다.

우리는 역사에 관한 글을 잘 읽지도 않으면서, 현재의 잣대로 역사를 비판한다. 실상 우리에겐 비판할 자격조차 없다. 현재의 과학문명은 잘 안다고 잘난 체하면서 도리어 과거 역사의 흐름은 잊고 산다. 그리고 인스턴트 문학을 탐독하고 교양 있는 척, 우아한 척 허세를 부린다. 맛있는 음식을 먹고 멋진 백사장을 보기 위해서는 인내하고 또 그걸 먹거나 보고 나면 감탄하면서, 역사의 흔적 앞에서는 그런 인내와 감탄을 찾아 볼 수 없다. 또한 자신의 영혼을 비교가 난무하고, 쫓기듯 사는 세상에 가둬 놓는다. 그리고 관심은 온통 연예인 스캔들에 가 있다.

우리는 그 세상에 갇혀 멀리 가지 못한다. 그리고 반경 300미터의 범위 안에서만 지지고 볶으며 중심을 잡지 못 한다. 그보다 멀리, 다른 세계를 본다면 나는 또 얼마나 달라질 수 있을까?

내 중고 책 중에는 청나라 말기에 서양 문물을 받아들여 군사적, 경제적 부강을 꾀한 양무운동 시기, 백성들의 생활을 묘사한 얇은 책이 있다. 나는 이 책을 글자 하나하나 빠짐없이 꼼꼼하게 읽었다. 그 시대 사람들의 미묘한 희로애락이 생동감 넘치게 쓰여 있었다. 운 좋게 사들인 책 덕분에, 나는 시간의 강을 자유롭게 표류할 수 있었다. 하지만 200권을 전부 독파하는 일은 엄청난 과제였다. 어쨌든 문화적 소양을 기르고 싶어 읽은 거지, 당신이나 나나 책을 통해 인생을 바꿔야 한다고 거창하게 말하고 싶은 생각은 없다.

마음이 자유로울 수 있는 자기만의 방법을 찾아라. 그러면 답답한 일상과 영혼에도 숨통이 트인다.

바깥세상으로 나가야 활로가 보인다

"제 고향은 작은 도시예요. 너무 답답해요. 평생 여기서 이렇게 살아야 하나 싶어요. 직장도 싫어요. 이를 악물고 버틸지, 맞서야 할지, 어떡해야 할지 도무지 모르겠어요…."

편지로 이런 불만과 고민을 털어놓으며 어떤 선택을 해야 하는지 묻는 사람들이 많다. 그런데 나도 모른다. 인생은 각자의 몫이라서 누군가 대신 선택해줄 수는 없다. 앞으로 펼쳐질 길에 그 어떤 고민도 없을 테니 걱정하지 말라고 보증해 줄 사람도 없다.

전 회사에서 3년 동안 거래했었던 잘 알고 지내는 택배원이 있다. 처음 그 택배회사와 거래할 때 그는 수발송 담당이었다. 내가 이사한다고 두 번이나 회사 트럭을 배차해주기도 했다. 가끔은 배달하는 김에 삼륜차에 나를 화물처럼 실어서 집에 데려다 주곤 했다. 고향에서 농사를 지었고, 도시로 떠나는 아들을 부모님이 얼마나 걱정하셨는지, 촌사람들이 도시가 엄청 험악한 곳이라고 했다는 등의 이야기를 자주 했다. 당시 그의 삶은 아마 녹록지 않았을 것이다. 베이징에서 조금 떨어진 외곽에 살면서 월급은 쥐꼬리만큼 받는데 와이프는 출산을 앞두고 있었다. 그러게 뭐 하러 타향에서 사서 고생을 하느냐고 말하는 사람도 있으리라. 하지만 그는 늘 밝았고 배송 실수를 해도 헤헤거렸다.

어느 날 그가 처음 보는 회사의 택배 운송장을 잔뜩 보내며 말했다. "택배회사를 차렸습니다. 괜찮으면 우리 회사 택배를 이용해 보세요." 나는 놀란 마음과 함께, 속으로 '아이고, 이젠 삼륜차 얻어 타기는 어렵겠네.'라고 생각했다. 그리고 그 뒤로 좀처럼 마주치는 일이 없어서 출산휴가를 갔나 보다 했다. 택배 운송장은 늘 봤지만 정작 그의 얼굴을 볼 수는 없었다. 하루는 그 회사의 어린 택배원에게 그의 안부를 물었다. 그러자 상하이에서도 새 회사를 차렸다는 대답이 돌아왔다. 쓸데없는 걱정이겠지만 "허걱, 경쟁 진짜 치열하지 않아요? 자리 잡기 힘들지 않나?" 하고 묻자 그 택배원이 헤헤 웃으며 말했다. "사장님한테 뭔 수가 있을 거예요. 가신 지 몇 달 됐는데, 잘된다고 들었어요!"

"와이프랑 애도 갔어요? 출산한 지 얼마 안 됐을 텐데?"

"네, 같이 갔어요."

그때 고개를 돌려 죽상을 하고 앉아 있는 동료들을 둘러보았다. 핸드폰 액정에 내 얼굴도 비춰 보았다. '사는 게 다 그렇지 뭐, 적당히 하자.'라는 표정이었다. 물론 직장을 때려치우고 회사를 차려야만 대단하다는 말은 아니다. 다만 최소한 회사에 앉아 모니터만 보고 있지 말라는 거다. 자신을 바꾸는 용기, 바로 그 용기를 가지자. 이게 내가 하고 싶은 말이다.

우리는 갈수록 내성적이고 말도 없고 폐쇄적인 사람이 되어간다. 낯을 가리고 나이가 들면서 더 외로워진다. 그래서 "내 성격으로는 새로운 환경에 적응 못할 거야. 그냥 참고 살자."라는 결론에 이른다. 사실 폐쇄적이 아니라 게으르다고 표현하는 편이 더 적확하다. 어렵사리 만들어놓은 울타리를 허물고 싶지 않은 거다.

직장 생활이 견딜 수 없을 만큼 괴로워도 새로 시작하자니 걱정이 앞선다. 코드가 안 맞는 사람이 있으면 어쩌나, 처음 세 달은 죽자 사자 일해야 할 텐데 하는 생각에 포기한다. 베이징 같은 도시로 옮겨 더 나은 환경에서 살아볼까 싶지만, 거기 가면 달랑 방 한 칸 빌릴 능력밖에 없다는 생각에 또 포기한다. 타오바오에 쇼핑몰을 하나 낼까 싶다가, 힘들어서 썩소를 지으며 포토샵을 하고, 물건을 사서 택배로 보내고, 그러다 실수라도 하면 싸움도 해야겠지 하는 생각이 들면서 다시 포기한다. 그래서 우리는 아직도 남을 시기하고 부러워하면서, 또 꿈을 이루지 못한 자기 인생에

투덜거리며 살아가고 있다. 그리고 같은 이유에서 꿈을 가져야 할 사회 초년생들도 30대처럼 몸을 사리며 산다.

이런 말을 본 적이 있다. 타인의 성공이 배 아픈 이유는 쉽게 이룬 성공이 아니란 사실을 잘 알기 때문이라고. 자기는 그렇게 할 엄두도 안 나고 그러다 자신이 게으르고 무능하다는 생각에 화가 나기 때문이라고. 스스로에 대한 화를 타인에 대한 시기와 질투로 상쇄하는 거라고. 정말 공감되는 말이다.

바깥세상으로 나가야 활로가 보인다. 그렇다고 가야 할 방향이 꼭 정해진 것은 아니다. 불만스러운 현재 상황을 바꿔야 한다는 점이 중요하다. 누군가 물었다. "항상 꾸준함을 강조하시잖아요. 그런데 자꾸 나가면 한 곳에서 무슨 일을 꾸준히 할 수 없는 것 아닌가요?" 꾸준함은 일종의 믿음이지 한 장소에 머물러 있으란 말이 아니다. 어떤 곳에서의 삶과 일이 견딜 수 없을 만큼 힘들고 답답하다면, 그런데 원망하고 우울해 하는 것 말고는 방법이 없다면, 바깥세상으로 나가보자. "꿈을 이루지 못했다면 꿈을 바꾸면 된다."라는 말도 있지 않은가. 물론 바깥세상으로 나가기만 하면 장밋빛 미래가 기다린다고 확언할 수는 없다. 그래도 한시라도 빨리 나가길 바란다. 문을 나서는 것 자체가 행복이 될 수 있다. 바깥세상으로 가면 새로운 사람과 기회를 만날 것이다. 심지어 당신이 전혀 다른 사람으로 거듭날 기회가 올 수도 있다.

직장에서 버티기 힘들면 내 능력에 문제가 있나 하고 생각하는 경우가 많다. 그래서 자책하기 시작한다. 최근에 헤드헌터에게 남자 직원을 추천해준 적이 있다. 우리 회사에서 해고당한 직원인데, 그의 약점을 짚어서 같은 실수를 반복하지 말라고 귀띔했다. 그러자 헤드헌터가 웃으며 말했다.

"어떤 직장에 맞고 안 맞고는 여러 가지 가능성과 이유가 있어요. 단순히 능력 문제라고 하기는 힘들어요. 여기서 못했다고 다른 회사에서 꼭 그렇다는 법은 없어요."

가만히 생각해 보니 진짜 그렇다. 열심히 했는데도 인정을 못 받다가 회사를 옮겼더니 물 만난 고기처럼 승승장구하는 사람이 있으니 말이다. 바깥세상으로 나가면 새로운 기회를 잡을 수 있다. 더 나아가 자신에게 맞는 자리를 찾아서 인생에 대한 자신감을 얻을 수도 있다.

죽을 용기까지 있다면 두려울 게 없다

강좌에서 만난 친구의 이야기다. 그 친구의 이야기를 듣고, 내가 매일 투정이나 부리고 있었다는 생각에 부끄러웠다. 어렵사리 동의를 얻어서, 그 친구의 이야기를 내 생각과 마음을 담아 글로 쓰고 싶었다. 하지만 펜을 들었다 놓길 여러 번 반복하다가, 결국 내 생각의 깊이가 친구를 이해할 정도의 수준이 아니라는 결론에 이르렀다. 나는 그 친구처럼 죽음을 결심할 정도로 용감하지 않으니까. 그래서 친구의 진심과 순수한 영혼이 그대로 전달되길 바라며 그 메일을 그대로 여기 적는다.

나는 가진 것도 없고 그냥 지극히 평범한 사람이에요. 예쁘지도, 몸매가 좋지도 않아요. 그렇다고 성적이 뛰어나거나 사회 경험을 많이 쌓지도 않았어요. 그래도 항상 희망을 가지고 살아요. 예를 들어, 영어를 못하면 공부하면 되고 모르는 부분은 물어보면 되니까요. 두려울 게 뭐가 있겠어요. 그저 열심히, 잘 살자고 다짐해요. 매일 일찍 나갔다가 밤늦게나 들어와요. 학교 캠퍼스를 벗어나 만원 버스를 타고 일을 하러 가요. 서비스 직종이라서 잡일도 많고 피곤하죠. 그래도 매일 보람찬 하루를 보내요. 일이 부끄럽다고 생각하지 않아요. 내 힘으로 살고 있으니까요. 인턴이라고 열등감을 느끼지도 않아요. 열심히 살고 있으니까요. 지금에 만족해요. 인생은 소중하니까 정말 열심히 살 거예요.

누가 학교에서 뛰어내렸대, 다른 학교에서도 누가 자살했다 그러던데. 자주 들리는 소문이죠. 사람들은 한 생명이 떠났다기보다는 으레 있는 일이라는 듯 담담하게 받아들여요. 아니면 그냥 의례적으로 고인의 명복을 비는 정도로 끝내죠. 워낙 흔한 일이라 명복을 비는 것도 귀찮은가 싶어요. 그런데 나는 누군가 자살했다는 말을 들으면 마음이 아파요. 남 일 같지가 않아서요. 그동안 겪었던 일들이 스쳐 지나가네요. 아무 말이라도 해야 할 것 같아요. 나 같은 사람이 주변에 있는지 모르겠네요. 있다면 아마 대부분 인터넷 중독자나 게임 중독자일 거예요. 아니면 낙오자거나 괴팍한 사람일 거고. 선생님이나 친구들에게 이상한 사람 취급을 당하겠죠. 내가 바로 그런 사람이었어요. 괜찮다면 내 이야기를 들어주세요.

2006년에 베이징에 있는 대학에 입학했어요. 남들처럼 무시무시한 대입시험을 쳐서 붙은 거였죠. 고향에서 베이징은 꿈의 도시예요. 아무나 갈 수 없는 도시의 대학에 떡하니 붙었으니 부모님의 자랑이었죠. 고향에서도 수재라고 칭찬이 자자했어요. 한편 나는 베이징의 세련되고 화려한 환경이 신기하기만 했죠. 내 고향은 아주 작은 도시에요. 그래도 부모님이 대졸이셨고 학원을 운영하셔서 가정 형편이 나쁘지는 않았어요. 또 시내에 있는 중고등학교에 다녀서 완전 시골뜨기도 아니었죠. 하지만 베이징은 차원이 달랐어요. 용돈으로 1,000위안이 넘는 돈을 받아본 것도 처음이었죠. 대학에 오기 전까지, 모범생이었던 나는 날라리들은 상대도 안 했어요. 정해진 규칙을 어기는 일은 절대 안했죠. 파마는 불량학생이나 하는 거라고 생각할 정도였으니까요.

그런데 처음에 가졌던 기대와 흥분이 가시면서 좌절이 시작되더군요. '잘난 사람이 참 많다. 나는 평범 그 자체였어. 예전처럼 남에게 떠받들리는 느낌도 없어. 나는 촌스럽고 추레하고 유행에 뒤처지는 사람이야. 유행에 민감한 사람들이 부러워. 공부 빼고 할 줄 아는 게 하나도 없어. 피아노도 못 치고. 내세울 만한 특기가 전혀 없잖아. 대학도 베이징에서는 평범한 학교야. 베이징 농업대학에 다닌다고 우쭐했는데 베이징에서는 쳐주지도 않는구

나. 칭화대 학생들은 좋겠다. 캠퍼스도 크고 명문이고….'
대학 1학년 내내 좌절감에 시달렸죠. 똑똑하다고 생각했는데 수업 내용도 따라가기 어려웠어요. 예전엔 상상도 못 했던 일이었지요. 거기다 허영심도 생겼어요. 한 달 용돈 1,000위안을 명품 옷, 핸드폰, MP3를 사거나 영화 보는 데 썼어요. 호텔 케이크를 먹어야 폼이 난다고까지 생각했다니까요. 그렇게 비정상적인 날들을 보냈어요. 교과서대로 살던 17년 동안엔 수업에 빠지고 늦잠 자고 카드 긁는 일은 상상도 못했는데 말이에요.
철저히 자신을 풀어 놓기 시작했어요. 사투리가 싫어서 남 말투를 그대로 따라했어요. 베이징 억양이 부러웠어요. 촌티 내기 싫고 도시 사람처럼 세련되어 보이려고 무진장 노력했어요. 그렇게 1년을 보냈어요. 큰 기대를 품고 동아리에도 들어갔어요. 그런데 생각했던 것과 많이 달랐죠.
권력을 마구 휘두르고 나를 자기 아랫사람 부리듯 부리는 사람도 있었어요. 존중도 안 해주고 굴욕을 줄 때도 있어서 결국 그만뒀어요. 그런데 지금 생각하니까 다 제 탓이었네요. 능력을 보여주지 못 했고 기회를 놓쳐서 빚어진 상황이었어요. 그때는 몰랐지만요. 2학년이 되자 부모님이 컴퓨터를 사주셨어요. 예상되죠? 더 심각해졌죠. 1학년 때 컴퓨터 있는 애들이 얼마나 부러웠는지 몰라요. 왠지 있어 보였거든요. 컴퓨터가 생기자 인터넷 소설을 읽고 밤새 영화도 봤어요. 온종일 컴퓨터를 끼고 살았죠. 사람도 완전히 변했어요. 그 학기에 학사경고까지 받았지만 아랑곳하지 않았어요. 계속 그렇게 살았어요.

그때 주변 사람들이 다 저를 무시했던 것 같아요. 동정심과 멸시가 담긴 눈으로 쳐다봤어요. 선생님과 상담까지 했었어요. 상담 자체가 모욕적이었죠. 불량학생이나 상담을 받는 거라고 생각했거든요. 그래서 선생님과 친구들을 멀리했어요. 대신 고향에 가는 것이 좋았어요. 베이징 생활을 자랑할 수 있었으니까요. 고향 사람들은 부러워했고 나를 여전히 똑똑한 사람으로 봐줘서 내 허영심을 채워줄 수 있었어요. 사실 그때 나는 심리적으로 문제가 있었어요. 그런데 그냥 스스로 인식하지 못 한 채 부모님과 지인들 그리고 자신을 괴롭혔어요.

불면증에 시달렸고 불안했어요. 18년 인생을 통틀어 처음으로 인생을 돌아봤어요. 지금까지 생각 없이 남이 정해놓은 길만 걸어왔구나. 대학 공부가 무슨 의미가 있지? 이런저런 생각에 괴로웠어요. 열심히 공부하는 게 무슨 소용일까? 지금 무얼 공부하고 있지? 사실 스스로와 지금 처한 상황에 대한 불만이 컸어요. 가끔 자기계발 강좌를 듣고 자극받아서 이틀 정도 힘을 냈어요. 이내 원래대로 돌아갔지만요. 왜 공부하고 무얼 공부해야 하는지 또 고민했어요. 열심히 공부하는 사람이 우스웠어요. 나랑 똑같잖아. 아무것도 모르고 공부만 하고, 남이 정해준 대로 살잖아. 정말 하고 싶어 하는 공부가 아닐 거야. 남들에게 휘둘리는 꼭두각시일 뿐이야.
내 문제를 정확하게 알았지만 어떻게 바꿔야 할지 몰랐어요. 사는 게 무슨 의미가 있는지 모르겠는데 공부가 대수냐 싶었어요. 튼튼한 울타리 안에 나를 가두고 부족할 게 없는 성공한 삶을 마음껏 상상했어요. 하지만 또 고통에 몸부림쳤어요. 잠들지 못하는 밤이 너무 싫었어요. 밤새 인터넷을 하는 나도 싫었지만 뭘 해야 할지 몰랐어요. 이렇게 계속 살아야 하나, 막막했어요.
그러다 큰 시련이 닥쳤죠. 부모님이 이혼하셨고 여동생이 죽었어요. 정말 최악으로 고통스러웠죠. 여섯 살밖에 안된 동생은 백혈병이었어요. 언젠간 떠날 거란 사실을 알았지만 갑자기 그날이 올 줄 몰랐어요. 함께 했던 5년 동안 동생이 피를 토하는 모습을 자주 봤어요. 그래도 죽음은 와 닿지 않았어요. 익숙해져서 마지막 해엔 피를 한 바가지씩 토해도 아무 느낌이 없었거든요. 의사 선생님이 3년밖에 못 산다고 했지만 다섯 살까지 버텼으니까, 계속 내 옆에 있을 거라고 생각했어요. 전화를 받고도 눈물이 나오지 않았어요. 그때는 이미 심각한 우울증에 걸려있었나 봐요. 우리를 도와주지 않은 사람들과 동생을 받아주지 않은 유치원, 선입견을 가지고 동생을 바라보던 사람들이 미웠어요. 병이 완

치된 사람까지 미워했어요. 왜 내 동생만 죽어야 하느냐고 생각했죠. 하지만 제일 미웠던 건 나였어요. 동생이 죽어 가는 모습을 가만히 보기만 하고, 아무 노력도 하지 않았던 내 자신이 밉더군요. 나는 동생에게 엄한 언니였어요. 앞으로도 함께 있을 거라고, 동생의 병이 특별한 게 아니라고 생각했거든요. 그런데 사실 나 편하자고 최면을 걸었던 건지도 몰라요. 하지만 최면에서 깬 뒤엔 상냥하지 못했던 나 자신이 그렇게 미울 수가 없었어요.

여름 방학에 집에 갔어요. 그리고 아빠가 내 상태를 알게 되셨죠. 당신의 자랑이었고 똑똑했던 딸이 그렇게 변하리라곤 생각지도 못하셨겠죠. 그래도 저를 혼내시지 않았어요. 아빠의 침묵에 죄책감이 들었어요. 그리고 반성했죠. 변하자고 마음먹었어요.

하지만 습관을 쉽게 바꿀 순 없었어요. 꾸준히 안 되더라고요. 며칠 애썼다가 포기하고 자극받으면 다시 힘내는 식이었어요. 또한 예민해서 타인의 무의식적인 행동을 무시라고 생각했어요. 사실 집에 와서 돌이켜 보면 상처 주려고 한 행동이 아니었죠. 막막한 마음은 그대로였고 동기도 부족했어요. 그게 심각한 문제였죠. 부모님을 위한 노력이었지 내 자신이 원한 건 아니었으니까요. 여전히 공부는 왜 하나, 무슨 의미가 있나. 그 생각을 멈출 수 없었어요.

성과가 있어야 흥미가 생긴다는 말에 동감해요. 그때는 항상 흥미가 없다는 핑계를 댔어요. 정말 흥미가 없는 건지 아니면 잘 못하니까, 흥미가 없다는 핑계를 대는 건지 헷갈렸어요. 어디에 흥미가 있는지 모르니까 헷갈리는 건 당연했죠. 소설을 읽는 건 나의 흥미가 아니야, 내가 뭘 잘하지? 살면서 한 번도 생각해보지 않았던 문제였죠. 그냥 공부만 하면 된다고 생각했으니까요. 혼자 있으면 이런 의문들이 파도처럼 밀려왔어요. 내가 어디에 흥미가 있는지 감도 못 잡았죠. 그리고 신나서 하고 싶은 일이 없었어요. 잘 못 해서 흥미가 생기지 않는 건가 하는 의문을 가지기도 했죠. 그때는 꿈과 목표가 있었으면 하는 마음이 간절했어요. 무언가를 위해서 노력하고 싶었죠. 남이 한다고 맹목적으로 따라하고 싶지는 않았고요. 꿈이 있다는 건 참 행복한 일이잖아요.

고민에 고민을 거듭하는데 또 일이 터졌어요. 아빠가 파산을 하신 거였어요. 여유 있던 집이 빚더미에 앉은 거죠. 내 생활이 순식간에 바닥으로 떨어졌어요. 아빠는 생활비를 줄였으면 좋겠다는 뜻을 언뜻 내비치셨어요. 순간 내가 더 이상 부모님의 자랑이 아니라 오히려 부담이 됐다는 사실을 알았지요. 게다가 불행은 한꺼번에 온다더니, 5년 사귄 남자친구한테 이별 통보를 받았어요. 사실 그동안 스스로도 남자친구에 대한 사랑이 별로 없다는 느낌이 어렴풋이 들었어요. 다만 그냥 인정하고 싶지 않았던 거죠. 아마 내가 삶에 대한 모든 희망을 그 아이에게 다 걸었는지도 몰라요. 사랑해서가 아니라 누구라도 내 곁에 있어주길 바라서였어요. 그때 나는 실연까지 겹쳐서 무너지기 일보직전까지 갔어요. 생기라곤 전혀 없었죠. 단순히 돈 문제가 아니라 모든 일이 순식간에 닥쳤으니까요.

나는 왜 이다지도 무능할까. 다 나를 무시하는 것 같다. 타인의 멸시하는 듯한 눈과 부모님의 기대가 담긴 눈을 못 견디겠더라고요. 사실 스스로에게 실망해서 제일 고통스러웠어요. 죽고 싶었죠. 그만하자고 생각했어요. 하지만 그럴 수 없더군요. 그러고 싶지 않은 마음도 있었어요. 나 때문에 부모님을 부끄럽게 만들 순 없었어요. 나를 비웃던 사람들이 잘 먹고 잘 사는 모습을 보고 싶지 않았어요. 미움 때문에 자살을 포기한 거 맞아요. 마음속에 미움이 가득했어요. 결국엔 이성이 감정을 이겼어요. 절망의 끝자락에서 삶을 포기하지 않은 내게 축하를 해줬어요. 세상은 나를 포기했지만, 나는 나를 포기하지 않았으니까요.

우울증을 극복하고 진지하게 반성해봤어요. 한 학기만 열심히 공부해 보자, 흥미를 찾아보자고 마음먹었죠. 열심히 했고 정상적인 생활로 돌아갔어요. 나를 독려하고 단점을 극복할 방법을 고민하기도 했고요. 잠 못 들고 고통스러운 밤을 보내기 싫었으니까요. 전공 공부에 매달렸고 기말고사에는 성적이 중간 정도까지 올랐어요. 그래도 딱히 기쁘지 않았어요. 과에 소속감이 안 생기더라고요. 내가 전공을 좋아하지 않는다는 사실을 깨달았어요. 싫어하는 일도 훌륭하게 마무리 짓는 사람들을 진심으로 존경해요. 나는 그렇게 못 했거든요. 그래서 나를 철저하게 분석했어요. 그때가 3학년 2학기였어요. 내가 뭘 좋아할까? 뭘 잘할까? 거부감 없이 진심으로 하고 싶은 일은 뭘까?

고민 끝에 나는 내가 사람 심리 분석을 잘한다는 점을 깨달았어요. 오랜 시간 자신을 가두었던 경험 덕택에 타인의 심리를 분석하고 해결책을 찾도록 도울 수 있겠다고 생각했죠. 자유롭게 내 능력을 잘 발휘할 수 있는 일이 좋았어요. 인연이어서 그랬을까요. 때마침 전략관리라는 분야를 알게 되었죠. 분석력과 문제 해결능력을 요하는 분야였어요. 그렇지만 바로 시작할 기회가 없었어요. 그래서 시도해볼 수 있을 길을 찾았죠. 대학원에 진학해서 전략관리를 공부하기로 했어요. 누군가를 따라 한 것도, 부모님이나 남을 위한 것도 아니었어요. 나 자신을 위해서 내 흥미를 직접 해보기 위해서 노력하고 싶었던 거예요.

대학원을 한 달 정도 준비하면서 즐기고 있는 나를 발견했어요. 내가 드디어 꿈으로 향하는 길 위에 있다는 느낌이었죠. 단순한 대학원 지원이 아니라 내 인생을 스스로 결정한 거였어요. 하고 싶은 일을 찾았고, 현실과 꿈의 교차점을 찾았어요. 꿈을 이룰 수 있다면 도전해보고 싶었어요. 나는 운이 좋았다고 생각해요. 내가 겪은 고통과 고민이 헛되지 않았고 오히려 값진 것이었으니까요. 그때는 어설프고 미숙했던 나, 허점 투성이던 나를 견딜 수 없었지만, 지금은 그때의 나를 직시하게 되었어요. 괴로웠던 그 시절이 없었다면 지금의 나도 없었을 테니까요.

사실 제 이야기를 하는 건 어찌 보면 큰 모험이에요. 구설수에 오를 수도 있고 의심하는 사람도 있을 수 있잖아요. 그래도 예전의 나처럼 고통받는 사람에게 말하고 싶어요. 노력할 마음만 있으면 늦지 않았다고.

나 같은 사람이 꼭 있을 거예요. 만약 당신이 그런 사람이라면 운이 좋다고 생각하세요. 이제 진정한 인생을 꾸려갈 시기가 왔으니까요. 힘든 시작이긴 하겠지만요. 누구에게나 재능이 있어요. 평생 남하는 대로 평범하게 살고 싶진 않을 거예요. 이런 생각을 하고 있다면 운이 좋은 거예요. 하지만 그 길이 아름다운 꽃길이 아니라는 점을 꼭 기억하세요. 응원하고 이해해 주는 사람이 없을 수도 비웃음을 살 수도 있어요. 하지만 포기하지 마세요. 그 길에서 독특한 풍경과 다양한 생각들을 만나게 될 거예요. 완주하지 못 하고 삶을 포기하는 사람도 많겠지요. 당신은 그러지 않기를 바라요. 괴로워도 포기하지 마세요. 미련이 남고 아쉬울 거예요. 그러니 미움 때문에 삶을 버리지 마세요. 목숨을 끊는 건 어리석은 일이에요. 당신을 비웃던 사람들은 잘 먹고 잘 살 텐데 당신은 생명을 잃는 거니까요.

그들이 밉다면 최선은 잘 사는 거예요. 당신을 조롱하는 사람을 무시하세요. 쓸데없이 감정을 소모하지 마세요. 미워할 가치도 없어요. 꾸준히 노력하면 성공하고 행복과 보람을 느끼고 다채로운 인생을 살 수 있어요. 생각해보세요. 뚜렷한 주관을 가지고 노력하는 사람이 성공하는 건 당연하지 않나요? 만약 노력하지만 주관이 없다면 자신을 위해 사는 법을 모르는 거예요. 그게 더 슬프지 않나요? 지금 고민하고 있는 당신을 축하해주고 싶네요.

고민을 계속하면 지금 겪는 고통이 헛되지 않을 거예요. 정해진 대로, 다른 사람들 말에 순종하는 사람은 칭찬을 들으며 아무런 의심 없이 살아가요. 그런 인생이야말로 비극이지요. '착한 아이가 사탕을 못 먹는 이유'라는 글이 있어요. 글의 주인공은 중년이 되어서야 내가 말한 사실을 깨달아요. 하지만 당신은 지금 깨달았으니까 운이 좋은 거 아닌가요? 지방에서 왔다고 열등감을 가지지 마세요. 우리에게는 인내심이 있잖아요. 자신을 믿으세요. 당신은 고향의 자랑이에요!

생명은 소중해요. 남이 무시한다고 충동적으로 안녕을 고하지 마세요. 죽을 용기까지 있는데 두려울 게 뭐가 있겠어요? 나도 나를 구했고, 당신도 그러리라 믿어요.

스스로 강해져야 원하는 인생을 만들 수 있다

수많은 구직자 부대 중에서 성적 좋고 인성까지 갖춘 여대생들이 막판 스퍼트를 올려야 할 시점에 남학생들에게 속속 지고 만다. 남자 직원만 채용하겠다며 대놓고 말하는 회사도 수두룩하다. 혹은 표면적으로 드러내진 않아도 남학생을 우선순위에 둔다. 이런 현실에 직면한 여대생들은 분노를 터뜨린다. 그러나 이유를 알고 있는가? 채용 통지를 기다리는 여대생들이여, 어떻게 해야 할까?

여대생 취업문제의 원인은 단순히 여자여서가 아니다. 여학생 구직난은 상당 부분 회사들의 우려 때문에 생긴다. 여자가 결혼하고 아이를 가지면 가정에 집중하기 때문에 업무적으로 적극성과 창의성이 줄어든다. 그래서 일부 회사들은 스펙이 더 뛰어난 여학생보다 평범한 남학생을 선호한다.

대부분의 경우, 여자는 입사 초기에는 적극적인 추진력을 보이지만 얼마 못 가 시들해진다. 업무나 자기 발전에 대한 관심이 줄고 쏟았던 에너지도 확 감소한다. 특히 결혼하면 가족을 위해 자신을 희생하고 에너지를 전부 가정에 쏟는다. 그리고 사람들이 입을 모아 말한다. 여자는 회사가 아니라 집에서 남편 내조에 힘써야 한다고. 세간의 인식 때문에 여자는 일 욕심과 성공에 대한 욕망을 억압하고 평범하게 살자고 마음을 정리한다. 다는 아니겠지만 이런 생각이 보편적인 건 사실이다. 채용 통지를 기다리는 여대생들이여, 어떻게 하면 순조롭게 원하는 일자리를 얻을까? 어떻게 해야 세간의 틀에 박힌 저주에서 벗어날 수 있을까?

"모회사는 남자 직원을 동물처럼 부리고, 여자 직원을 남자처럼 부린다."라는 말을 종종 듣는다. 어차피 쉬운 일은 없으니까 자기에게 편한 일을 찾으려 애쓰지 마라. 누구나 '고생하지 않고 돈 버는 일'을 꿈꾸지만, 실제로 이 꿈을 이룬 사람은 거의 못 봤다. 뭔가를 얻으려면 대가를 치러야 한다는 건, 만고불변의 진리다. 따라서 직장에서 무언가를 얻고 싶다면 그만큼 노력해야 한다. 특히 여자가 넘쳐나서 남자가 귀한 직장에서는 성차별을 피하기 힘들다. 그래서 여성은 더 노력해야만 설 자리를 만들 수 있다.

내가 좋아하는 동료가 있는데, 몸매, 얼굴까지 다 갖추고 나이도 어리다. 밤샘 야근은 당연지사고 새벽 5시까지 일하기도 했다. 그리고 남자 직원과 마찬가지로 상자 더미를 옮겼다. 나중에 영국으로 발령이 났는데, 모두 입을 모아 말했다.

"She deserves it(그럴 만해)."

남들 생각대로 살지 마라. 여자라면 다들 이런 일을 겪어 봤을 거다. 일을 좀 열심히 할라치면 지인들이 펄쩍 뛰며 말한다. "여자가 일을 해서 뭐하니. 좋은 남자 만나 시집 잘 가는 게 최고야!" 하지만 정말 그럴까? 물적 욕망이 넘치는 사회에서, 사랑이 영원할 거라고, 남편이 한결같을 거라고 확신할 여자가 몇이나 될까?

남자에게만 의지하면 안 되고 자기 인생이 있어야 한다. 가정을 돌보고 일을 하면서 될 수 있는 한 경제적으로 독립해야 한다. 그리고 가정과 일을 명확하게 구분하고 가정에만 안주하면 안 된다. 물론 "여자가 왜 남자와 꼭 경쟁해야 하죠? 여자는 선천적으로 약하잖아요!"라고 말할 수도 있다. 하지만 여자가 왜 남자보다 약하다고 생각하는가? 사회에 나가면 시련에 용감히 맞서고 경쟁에도 참여해야 한다. 자신의 능력을 정확하게 판단하고 남자가 할 수 있으면 여자도 할 수 있다는 굳은 의지가 필요하다. 꿈의 출발선에 서 있는 여자들이여, 마음속의 자신이 되고 싶은가, 아니면 사회가 기대하는 자신 아닌 남이 되고 싶은가?

일자리를 찾는다면 자신이 잘할 수 있고 강한 분야를 공략해야 한다. 사실, 여자에게는 남자보다 훨씬 뛰어난 강점이 있다. 그런 강점을 잘 활용하면 구직에 큰 도움이 된다. 여자는 남자보다 상냥하고 세심하고, 감성이 풍부하고, 상대방을 잘 보살피니까 PR, 미디어, 비서, 재무 분야에 더 적합하다. 또, 남자보다 표현력과 사교성이 좋고 타인을 잘 배려하니까 교육, 의료 쪽에 더 유리하다. 그래서 선생님, 의사, 간호사 등은 여자에게 괜찮은 직업군이다. 물론 건축업, 광산업 등 남성 위주의 분야에서 일하고 싶다면 안 될 것도 없다. 게다가 남자가 많은 분야에 있으면 보살핌을 더 많이 받을 수도 있다. 그런 대접을 받으며 일하는 것도 나름 행복하고 신선한 경험일 수 있다.

그렇다고 여장부가 되라고, 남자를 흠칫하게 하는 남자 같은 여자가 되라고 부추기고 싶지 않다. 그냥 천생 여자로서, 행복한 가정을 지키면서 능력을 발휘할 일도 가지라는 말이다. 타인에게 의존하지 않고 스스로 강해져야 장밋빛 인생을 만들 수 있다!

냉혹한 직장 생활에도 희망은 있다

직장 생활을 하면서 인상 깊었던 상사 두 명이 있다. 냉혹한 직장에서 온기를 느끼게 해주신 분들이다.

첫 번째 분은 인턴 시절에 만났다. 안하무인에 독재자고 내가 하라면 하라는 식이었다. 그분 밑에서 떼쓰고 우기는 법을 배웠다. 지금까지도 기억하는 일이 있다. 출근 삼 일째 되는 날이었고 그분은 휴가 중이었다. 나는 수백 개의 언론사 메일로 월간 웹진을 보내는 업무를 맡았다. 메일로 발송하는 웹진은 웹사이트와 흡사하다. 반면 신문원고를 보낼 때는 메일 본문에 "존경하는 모모 기자님, 안녕하세요?" 등의 인사말을 적어야 했다.

나는 언론사에 신문원고는 보내봤지만 월간 웹진은 처음이었다. 그래서 하던 대로 신문원고를 보내는 식으로 웹진을 발송했다. 웹진 본문에 "존경하는 모모 님"이라는 글을 떡하니 적어 보내는 웃지 못 할 실수를 저질렀다. 하지만 정작 당사자인 나는 일이 잘못됐다는 사실을 전혀 몰랐다. 이튿날 사장님이 언론사의 피드백을 받고 상사를 불렀다. 저녁 8시경 사장님이 상사에게 소리를 지르고 있었다. 상사가 사장님에게 불려가기 전 내 실수를 미리 발견했기 때문에 나도 사장님이 화 난 이유를 대충 알고 있었다.

상사는 사장실에 불려간 뒤 한참이 지나도 나오지 않았다. 그래서 나는 몇 번이나 조심조심 사장실 앞을 지나가는 척하며 큰 유리 창문을 통해 심상치 않은 분위기를 살펴보았다. 11시가 되자 눈꺼풀이 푹 쳐진 상사가 고개를 숙인 채 나왔다. 그리고 내 자리를 지나치며 나를 흘끗 쳐다봤다. 내가 기어들어가는 목소리로 말했다. "죄송합니다." 눈물이 나오려고 했다. 상사는 내 앞에 멈춰서 고개를 돌려 말했다. "네 탓 아니야. 어제 내가 있었으면 네가 실수 했겠니." 그날 밤 상사가 학교까지 태워주었다. 밤이 깊었고 나는 부들부들 떨며 기숙사로 들어갔다. 눈물이 뚝뚝 흘렀다. 그 일이 있고 나는 그분에게 찰싹 붙어 다녔다. 사장님이 강제로 우리를 갈라놓을 때까지.

그 사건 이후 나는 밑에 직원이 실수해도 나 자신을 보호하려고 부하 직원을 희생시키지 않았고 직접 실수를 책임졌다. 그분은 아마 그 일을 잊었을지도 모른다. 연락이 끊긴 지 한참이 지났지만, 그분이 내게 한 말의 온기는 지금도 남아 있다.

두 번째 상사는 예전 회사의 대표님이다. 카리스마 넘치는 여성 정치가였는데 외교 참모도 했다고 들었다. 그분은 입사 2년 차, 뱁새인 내게 황새가 되라고 몰아쳤다. 직원대회에서 영어로 업무보고를 하라고 했다.

직원 98%가 영어를 모국어처럼 유창하게 구사하는 황새라면 나는 이제 입을 뗄랑 말랑 하는 뱁새였다. 그 속에서 자신 있게 나를 드러낼 능력이 없어서 구석에 박혀 있던 처지였다. 어쨌든 꼬박 한 달을 준비했고, 발표 전에 PPT를 중국어로 바꿨다.

그날 그분은 바로 내 앞에 앉아 있었다. 신입인 내가 처음으로 회사 대표인 그분과 가장 가까이에 있었다. 어둠 속에 컴퓨터 화면만이 빛나고 있었고, 그 빛을 따라 고개를 들었을 때 그분의 미소를 보았다. 발표자 중에 내가 제일 어리고, 유일하게 중국어로 발표하고, 불까지 끄고 떨리는 목소리로 발표한 사람이었다. 하지만 그분의 미소를 보자 긴장과 불안함이 스르륵 사라졌다. 나를 보는 눈빛과 진지한 표정을 보면서 긴장이 풀리자 농담까지 할 수 있었다. 그분은 연신 고개를 끄덕이며 경청했다. 그리고 눈이 마주쳤다. 형광등이 켜지고 내 안도의 한숨 소리와 함께 큰 박수 소리를 들었다. 그 뒤 그분은 지나가다 마주친 내게 족발 삶는 법 같은 요리법을 말해주거나, 내 옆에 앉아 인터넷 메신저 아이디를 만들어 달라고 부탁하기도 했다. 그리고 내가 회사를 떠날 때 격려의 말을 아끼지 않았다. 그분 옆에 서면 나는 갈림길에 서서 어쩔 줄 몰라 하는 아이 같았다. 어쩌면 조금 이상한 나를 그분은 따뜻하게 감싸주었다.

좋은 상사란 정신적인 멘토라고 생각한다. 부하 직원을 혼내고 비난하는 것보다, 격려와 희망을 주고 자신감 넘치고 행복한 미래로 인도하는 상사가 좋은 상사다.

직장에서 공황에 빠지고 불안할 때, 등대처럼 우리의 마음을 비춰주는 상사가 있다. 그리고 우리도 언젠가 누군가의 등대가 될 수 있다. 눈이 부실 만큼 밝은 등대는 아닐지라도 희망과 사랑의 빛을 주는 등대일 거다. 당신도 자신만의 등대를 발견하길 바란다.

우리가 선택한 길마다 다른 풍경이 있다

친구 샤오이는 역사가 깊고 유명한 소비재 상품을 만드는 기업에 다닌다. 이름난 회사인 만큼 기대치도 높아서 거기에 다닌다는 사실만으로 매일이 즐거웠다. 하지만 즐거움은 그리 오래가지 않았다. 샤오이의 SNS에 피곤하다, 힘들다, 그래도 파이팅하자고 자신을 다독이는 글이 자주 보였다. 샤오이는 회사에 적응도 잘 안되고 인정받는 느낌이 없다고 했다. 나도 처음에는 너를 바꿔라, 새로운 환경에 적응해라, 마음을 열어라, 견디고 견디고 또 견뎌라, 어려움을 극복해야 성장한다 등 나만의 '파이팅 무공'을 전수해 주었다. 하지만 어째 상황이 더 나빠지는 듯했다.

그래서 곰곰이 생각해 봤다. 사실 샤오이에게 큰 문제가 있는 건 아니었다. 그냥 사소한 문제가 끊이지 않았을 뿐이었고, 대부분 성격이나 사고방식이 달라서 생긴 거였다. 다름의 문제였지, 좋고 나쁨의 문제는 아니었다. 인간관계는 누가 좋고 나쁘고를 떠나 코드에 따라 결정된다. 연애처럼 서로 안 맞을 뿐이지 누가 나쁘다고 할 수 없는 문제다.

하지만 우리는 대부분의 경우, 자신이 강하지 못해 문제가 생겼다며 자기를 탓한다. 신중하게 선택한 결정이었기에, 그 선택이 틀렸다는 것과 자신이 실패했다는 사실을 인정하고 싶지 않아, 잘못된 결정에 얽매여 산다. 나는 네티즌들의 메일을 자주 받는다. 반은 자신이 처한 상황에서 어떻게 해야 하느냐고 묻는다. 또, 나머지 반은 결정은 내렸는데, 얼마나 더 노력하고 꾸준히 해야 결실을 맺느냐고 묻는다. 예전의 나였다면 무 자르듯 단 칼에 "뭘 얼마나 했다고 결과를 바라세요?"라고 했을 거다. 하지만 샤오이를 보면서 선택 자체가 틀렸을 수도 있고, 가시투성이인 길을 계속 걷는 것만이 능사가 아니라는 사실을 깨달았다.

샤오이에게 말했다. "그냥 그만둬. 좋은 회사긴 한데, 그러다간 남자친구랑 편하게 영화 한 편 보거나, 집에서 부모님이랑 저녁 먹을 시간도 없겠어. 매일 마음 졸이면서 살 수는 없잖아. 일하는 내내 즐거울 순 없지만, 그렇다고 한순간도 편하지 않다면 그만둬야 해. 네가 노력을 안 한 게 아니라, 네 성격이나 사고방식과 맞지 않는 거야. 그러니 즐거울 리가 없지."

사실, 나도 샤오이의 고민에 사로잡혀 곤혹스러웠다. 노력이 부족한 건지, 사고방식이 맞지 않는 건지, 그 판단 기준이 뭔지 몰랐다. 그런데 아마 느낌으로 알 수 있지 않나 싶다. 가끔 우리는 노력해서 소중한 기회를 얻을 때가 있다. 그럼 성공을 손에 쥔 느낌이 들어서 절대 포기하지 않고 그 일에 자신을 꽉 매놓는다. 예전 사장님이 이런 말씀을 하셨다. "사람의 육감은 아주 정확해. 마음 한 구석이 불편하면 뭔가 잘못된 거야." 일이 항상 기쁨과 성취감을 줄 순 없지만, 아무리 노력해도 석연치 않은 느낌이 있다면 스스로를 놓아주라는 신호일지도 모른다.

샤오이가 사표를 냈다. 언제 새 직장을 구할 수 있을까 걱정했다. 실업 기간이 길어지면 베이징에서 어떻게 살아야 할까, 앞이 막막했다. 하지만 회사를 그만둔 지 일주일 정도 지났을 때 샤오이의 남자친구가 말했다. "지금처럼 즐겁고 부담 없어 보이는 네가 좋아. 우울해하고, 초조해하고, 내일의 걱정에 잠 설치는 능력 있는 여자가 아니라, 그냥 평범한 여자인 네가 좋다." 그날, 샤오이는 남자친구에게 프러포즈를 받았다. 인생에 새로운 페이지가 펼쳐진 거다.

내 생각을 바꾸고 자신을 놓는 방법을 깨닫게 해준 샤오이에게 정말 고맙다. 나는 자주 나 자신을 압박한다. 완벽해야 한다고 스트레스를 주고 작은 실수에도 자책한다. 누구에게나 사랑받아야 한다고, 밝은 사람이 돼야 한다고 다그친다. 그러다 나의 내성적인 모습이 드러나거나, 말을 제대로 못 하고 있다고 느껴지면 어찌할 바를 모른다. 또한 세련된 옷차림에 일등석을 타고 5성급 호텔에 묵는 사람이 돼야 한다고 자신을 몰아붙인다. 그리고 여전히 내 집 하나 없이, 룸메이트와 함께 사는 신세가 불안하고 우울하다. 우리는 줄곧 자신에게 어떤 사람이 돼야 한다고 강요하는 반면, 자신이 진정 무얼 원하는지는 모른다. 내면이 딱딱하게 굳고 무뎌져서 그렇다.

샤오이의 일이 있은 뒤, 나는 삶과 직장에서 많은 선택을 마주했다. 단순한 것도, 어려운 것도, 수월한 것도, 번거로운 것도 있었다. 예전 같았다면 단순하고 수월한 선택 앞에서는 자신감이 폭발하고, 어렵고 번거로운 선택 앞에서는 불안해하며, 왜 나한테만 이런 일이 있느냐고 툴툴거렸을 거다. 하지만 이제는 어떤 선택 앞에서도 담담하다. 수월한 일은 더 매끄럽게 해결하면 되고, 번거로운 일을 통해서 나 자신을 성장시킬 수 있으니까. 세상의 모든 일은 자신을 강하고 성숙하게 만들어 준다.

인생의 선택에 좋고 나쁨이란 없다. 우리가 선택한 길마다 다른 풍경이 있다. 관건은 어떤 마음가짐으로 주어진 기회와 사랑을 맞이하느냐에 있다. 세상의 일률적인 기준과 잣대에 자신을 맞추지 말고 유연하게 살아야 한다.

4장

빠르니까, 조금 천천히 해도 된다

나는 내가 꿈을 이룰 수 있다고 믿는다. 꿈이 생기고 흔들림 없이 내 길을 걸어가며 인생에 엄청난 변화가 있었다는 사실을 알기 때문이다. 5년 전부터 지금까지 작은 꿈들을 이루어왔다. 그리고 그런 작은 꿈들이 연결되어 지금의 나를 만들었다. 나는 그 누구보다 더 꿈이 가진 힘을 믿는다.

꿈도 할부로 사면 안 되나요?

잡지에서 글을 봤다. 남자가 불혹이 되면, 계획을 다시 세우고 항해 방향을 다시 정해야 한단다. 대학 3학년, 내가 학교를 바꿀 때의 마음과 같다. 교환 학생이 된다는 단순한 의미를 넘어 삶을 송두리째 바꾸는 엄청난 도전이었다. 익숙한 것과 명예, 이익을 모두 버리고, 소유한 것을 전부 희생해야 했다. 더 넓은 항로와 아름다운 풍경이 있다면, 원래 있던 자리에 남아 하던 대로 살아야 할까, 아니면 용감히 방향을 돌리고 풍랑을 맞으며 넓은 항로로 나아가야 할까?

그 글의 글쓴이는 설계 분야의 일인자였고 성공의 정점을 찍었던 불혹에 인생 방향을 틀었다. 도전이 하고 싶어서였다. 그는 다른 풍경을 보고 싶었다. 사실, 방향을 트는 건 말은 쉬워도 막상 하려면 절대 쉽지 않다. 익숙한 것을 포기하려니 아쉽기도 하다. 오랫동안 쌓아온 것들을 버리고 어떻게 할까? 새로운 곳에서 또 어떻게 쌓아야 하나? 성공할 수 있을까? 실패하면 어쩌지? 이런 걱정 없이, 좋아하는 일에 도전할 만큼 재력을 갖춘 사람은 극히 드물다. 평범한 사람은 지금 가진 것을 포기할 때 생존의 위협을 느낀다. 다음 행보에 대한 걱정 없이, 편한 마음으로 풍경을 즐기러 갈 사람은 거의 없다.

그 글을 읽고 나서 블로그를 보다가, 고등학교 동창 '원숭이'의 근황을 알았다. 친구의 블로그 앨범에 신제품 발표회에서 사회를 맡아 유명한 MC와 이야기하는 사진이 있었다. 원숭이는 그다지 유명하지 않은 작은 회사에서 광고 일을 하고 있었는데 의외의 모습이었다. 사실 원숭이처럼 캠퍼스 퀸 급의 미인이 매일 야근하며 아이디어를 쥐어짜내는 일을 하는 건 재능을 썩히는 거라고 생각했었다. 꽤 오래 연락이 없었는데, 꿈으로 향하는 길에서 방향을 살짝 틀었나 보다.

결국, 사회자가 되었구나. 역시 기대를 저버리지 않았고 재능을 잘 살렸구나. 그래도 회사를 그만두진 않았을 거다. 그저 자신의 주 항로에서 샛길을 하나 냈을 뿐. 여유 있을 때 가끔 샛길 풍경을 보고 기분전환을 하는 것뿐이다. 물론 그 일을 통해 인맥도 쌓고 부수입도 생긴다. 그리고 새 항로에 파도가 거칠진 않은지, 위험한 암초가 있는지, 확실히 볼 수 있겠지. 원숭이에게 댓글로 발표회 동영상이 있느냐고 물었다. 우리 회사 발표회에 사회자로 초빙하고 싶어서였다. 원숭이가 사회자를 하는 걸 '투잡'이라고 표현해야 할까? 아니다. 꿈이라고 표현하는 게 맞을 것 같다. 꿈을 사는 거라고 가정해보자. 일시불로 살 수 없다면, 샛길을 내서 할부로 계산해도 되지 않을까.

샛길을 걷다가, 전에 몰랐던 풍경을 볼 수도, 숨겨진 보물을 찾아볼 수도 있다. 나는 블로그에 글을 쓰기 시작한 뒤, 책을 읽어야겠다고 생각했다. 처음엔 쓸 말이 동나서, 억지로 말을 만들었다. 시간이 흘러 악순환이 반복되자 씁쓸했다. 그래서 더우반에서 책을 사서 읽기 시작하며, 애독자와 출판사 편집자, 출판계에서 잘나가는 사람들을 사귀었다. 이렇게 책도 많이 읽고 출판계에 대한 지식도 쌓았다. 다른 분야를 공부한 셈이다. 그렇게 공부를 하면서 그래도 내 생각의 샘이 잘 흘러간다고, 바짝 말라버린 건 아니라는 확신이 들었다.

나는 PR과 소셜 미디어에 종사하는 사람으로서 한 브랜드가 어떻게 구축되고, 언제 인정받고 욕을 먹는지, 그리고 욕을 먹을 땐 어떻게 대처해야 하는지 잘 안다. 다양한 시도를 해봤기 때문에 알게 된 것이다. 이 열매도 먹어 보고, 저 열매도 먹어 보면서 깨닫는 것이 있었다. 그리고 그 과정에서 내 꿈이 뭔지 생각했다. 많은 사람을 만나며 그들 세상의 풍경을 보았다. 글을 쓰면서 내

세상이 커지고, 아름다워지고, 밝아지는 경험을 했다. 그래서 남이 나를 차별하는 건 아닌지, 험담하는 건 아닌지 따위를 걱정할 여유가 없었고, 또 중요하지도 않았다. 내 마음에 아름다운 것들이 가득 차서, 쓸데없는 생각들이 비집고 들어올 틈이 없었다.

친구가 광고 쪽에서 PR 분야로 옮기고 싶다는 메일을 보내왔다. 그런데 외국계 PR회사에서 월급 달랑 2,000위안을 제시하며 밑바닥부터 시작하라고 했단다. 졸업예정자도 아닌 광고회사 2년 차 경력직이 선뜻 승낙하기 어려운 조건이었다. 게다가 친구는 꿈을 위해서 모든 걸 포기할 수 있을 만큼 넉넉하지 않았다. 진지한 내용의 메일을 보고, 항로를 바꾸고 싶지만 막막하고 불안해하는 젊은이들이 생각났다. 배가 방향을 바꾸려면 시간이 필요하다. 일단 20도부터 천천히 시작하자. 그러면 새롭고 아름다운 풍경을 보게 될 것이다.

시도하면서 자기에게 맞는 방향을 찾아라

한동안 주말마다 목공을 배웠다. 토요일 7시 반에 일어나, 먼 곳까지 가서 수업을 들었다. 오후 6시에 수업이 끝나면 녹초가 되었고 등이 온통 땀범벅이었다. 줄곧 원목 가구에 관심이 많았다. 고급스럽고 분위기 있는 가구점에 가면, 목공 장인이 되고 싶다는 욕구가 강렬하게 솟구쳤다. 몇 년을 그렇게 생각만 하다가 목공기술학교까지 갈 뻔했다. 그러다 인터넷에서 가격까지 착한 학원을 발견하고 바로 등록했다. 그리고 집에 무슨 가구를 만들어줄까 고민했다. 그런데 가족들은 내 원대한 포부를 듣고 이구동성으로 외쳤다. "필! 요! 없! 어!"

수업 시간에 만든 나무상자를 가져와서 사람들에게 보여줬는데, 냉정한 말이 돌아왔다. "다시 가져가서 고치세요. 눈 뜨고 봐줄 수가 없네."

솔직히 목공은 생각했던 만큼 재밌지는 않았다. 학원과 선생님은 뛰어난 분들이었지만. 예전엔 내 손으로 직접 위대한 예술품을 만들고 싶었다. 최소한 의자라도 만들고 싶었다. 하지만 먼지투성이인 얼굴로 나무에 대패질하고 구멍을 뚫을 때마다, 자칫 잘못하다간 피바다를 만들 수 있는 위험천만한 공구 앞에서 톱밥을 마실 때마다, 선생님의 작품을 본 뒤 내 작품을 돌아봤을 때마다, 꿈이 현실로 부서지는 비참함을 맛보았다. 수업을 듣기 전까지는 목공이 취미였다. 하지만 지금 내게 목공은 더는 취미가 아니다. 가끔 특별히 관심을 가진 어떤 일을 시도한 뒤 환상이 깨지곤 한다. 인생은 무언가를 '줍고', '버리는' 과정이 반복된다.

현실에서는 이런 일이 자주 있다. 대학생 때는 전공을 별로 좋아하지 않는 분야라고 생각한다. 직장 생활을 시작한 뒤에는 일이 지루하고 월급도 적다고 생각한다. 그리고 "Follow your Heart."라는 말의 뜻을 모르고 살아간다. 자기 마음이 어디로 향하는지 모르고, 화려하고 휘황찬란한 세상에서 어떻게 자신의 방향을 찾아야 하는지도 모른다. 성공한 사람들은 "Follow your Heart."라고 하는데, 도무지 자신의 Heart는 어디에 있는 건지, 마음만 조급하다. 다양한 세상에 살면서 모든 것에 흥미를 느끼지만, 그렇다고 흥미를 느낀 모든 일을 다 좋아하지도 않는 것 같다. 졸업하면 바로 인생의 방향을 찾고, 찾자마자 여정을 시작해, 부귀영화를 거머쥐고 금의환향하기를 바란다. 하지만 인생 여정은 험난하고 도 멀다!

사실 인생의 단계마다 다른 사람과 다른 일을 만나고, 다양한 세상을 접한다. 그래서 자신이 좋아하는 다양한 상황을 마주한다. 패션잡지의 성공사례 인터뷰가 아닌, 성공 인사의 회고록을 자세히 읽어보면 알 수 있다. 성공한 사람들은 여러 가지 다양한 일을 해보고 자신에게 가장 맞는 방향을 찾는다. 연애랑 비슷하다. 진취적인 남자에게 매력을 느꼈는데, 집안일에서는 기대에 전혀 미치지 못해서, 매력이 밥 먹여주지 않는다는 사실을 깨닫는다. 반대로 가정적인 남자가 따뜻하고 친절하다고 생각했지만, 직장에서 능력 있고 멋진 남자를 볼 때면, 전화로 오늘 저녁 자장면을 먹을까 아니면 볶음밥을 먹을까를 묻는 남자에게 화가 치솟는다.

다양한 세상에서 선택에 옳고 그름은 없다. 그 선택이 자신에게 맞는 선택인지가 중요하다. 그러면 자신에게 맞는 기회는 어떻게 해야 잡을 수 있을까? 기회는 학교 문을 나서 왼쪽으로 꺾으면 서 있는 회화나무 밑에서 바로 만날 수 있는 것이 아니다. 끊임없이 직접 해보고, 지치지 않고 마음속의 호기심을 만족시켜야 한다. 그래야 자신의 마음을 알고 어떤 선택이었든 행복과 안정감을 얻을 수 있다.

하지만 대부분은 자신의 궤도에서 벗어난 시도를 망설이거나,

부모님의 반대로 한 발짝조차 내딛지 않는다. 그저 작은 시도일 뿐인데도 그렇다. 친구가 내게 말했다. 촬영기사가 꿈인데, 좋아하지 않는 수학을 공부했다고. 어떻게 해야 하느냐고 물었다. 나는 친구에게 물었다. "촬영에 관한 잡지를 본 적이 있어?" 그러자 없다고 했다. 또 물었다. "포털에서 촬영 관련 책이나 모임을 검색해 본 적 있어?" 또 없다고 했다. 다시 물었다. "그럼 촬영 관련 작품을 본 적은 있니?" 여전히 없다고 했다. 내가 말했다. "그럼 이제 어디서부터 시작해야 할지 알겠니?" 친구가 알았다고 대답했다. 그런데 이렇게 하면 진짜 될까? 촬영이라는 길을 그렇게 시작하면 될까? 사람들은 거의 다 비슷한 문제에 봉착한다. 하지만 아무 시도도 하지 않고, 심지어 책 한 권조차 읽지 않는다면, 그 누구도 꿈을 향해 걷는 당신을 도와주지 못한다!

어디서부터 시작해야 하느냐는 문제에 대해서는 옳고 그름이 없는 듯하다. 그저 바라만 보지 말고 직접 해보는 게 중요하다. 스스로 어디서 시작할지 생각해서 정하면 그게 바로 정확한 길이다. 어린 시절 서예를 배울 때, 남들은 모두 반듯한 해서체楷書體부터 시작했지만 나는 간결한 예서체隸書體부터 배웠다. 다른 학부모들은 나처럼 서예를 배우면 볼펜으로 쓰는 글씨체도 엉망이 될 거라며, 해서체부터 배우는 게 정석이라고 했다. 그때 실력이 더 뛰어난 선생님이 자기 집에 와서 4년 동안 배우면 실력이 좋아질 거라고 했다. 하지만 선생님 댁은 너무 멀었다. 주말마다 거기까지 가서 지루하게 글자를 쓰고 있을 모습을 상상하니 확 움츠러들었다. 지금 내 글씨가 그저 그런 건, 남들 하는 대로 안 하고 예서체부터 시작해서가 아니라, 고생하기 싫어서 스스로 포기했기 때문이다.

자기 마음속의 행복과 사명을 따라야, 마음의 방향을 정확하게 정하고 계속 걸어갈 수 있다. 수많은 물건 중에 마음에 쏙 드는 옷을 선택하는 것과 비슷하다. 그 옷을 사자고 마음먹은 때가 바로 진정한 선택을 한 순간이다. 그 옷을 집으로 가져가서 여러 날을 함께한다. 어느 날 더러워지고 망가져도 버리지 않고, 옷을 원래대로 돌려놓기 위해 방법을 생각한다. 자신이 정말로 좋아하는 옷이라서 그렇다. 한 번에 마음에 꽂혀서, 생각나고 또 생각나는 걸, '좋아한다'라고 표현한다. 그리고 그렇게 늘 잊지 않고 생각해야 보답이 있다.

가끔 일과 취미를 분명히 해야 할 때가 있다. 취미가 취미일 수 있는 건, 이익을 바라지 않기 때문이다. 이런 취미는 그냥 편하게 즐기면 된다. 하지만 일은 돈을 위해 한다. 세상에 취미와 일이 같은 사람은 아주, 아주 드물다. 대부분의 사람에게 일은 일이고 취미는 취미다. 취미로 삶의 균형을 맞추는 것은 괜찮은 일이다. 그런데 억지로 취미를 일로 만들려고 한다면, 얼마 못 가 일과 취미 다 혐오하게 될지도 모른다. 예를 들어 촬영을 좋아한다고 치자.

본래 생활에 활기를 주는 윤활제였던 촬영을 전문적으로 하게 되면, 어떻게 돈을 벌어야 할까 하는 생존 문제와 마주하게 된다. 그리고 여러 가지 복잡한 일들이 밀려온다. 일단 깨진 사랑은 오래가지 못한다. 일상생활을 완벽하게 만들려고 하지 마라. 그건 동화에서나 가능하다.

새로운 걸 접할 기회를 소중하게 여기고 자신의 마음이 날아오르게 해라. 몇 년 몇 월까지 시간을 정해 놓고 평생을 바칠 길을 찾아야 한다고 조급해하지 마라. 젊음이란 틀리면 고치고, 고치고 또 틀리면서 단련되는 것이다. 인생은 정해져 있는 것이 아니다. 나이 들어도 다시 시작할 수 있다.

낡은 배의 표를 손에 꼭 쥐고 있으면, 꿈이라고 부르는 배에 오를 기회가 남아 있다. 자신의 청춘과 삶을 떠올릴 때 마음이 부풀어 오르는 인생을 살아라. 그런 인생은 한결같은 꿈이 없더라도 자랑스럽고 후회를 남기지 않는다.

졸업하자마자 중년이 된 걸까?

요즘은 활력 넘치고 싱그러운 청년들이 좀처럼 보이지 않는다. 90년대생들한테서도 에너지가 느껴지지 않는다. 90년대생 인턴들에게서 독특한 빛을 보고 싶지만 어두운 기운이 빛을 가리고 있는 듯한 느낌이 든다. 다들 비슷비슷하고 심지어 30대처럼 느껴지는 친구들도 있다.

사회생활을 시작하면 모난 부분을 깎아내야 한다고 생각하는 사람이 많다. 부모들은 모난 돌이 정 맞는다고 가르친다. 그리고 교육기관에서는 학생들에게 직장에 들어가면 외모를 세련되게 바꾸라고 가르친다. 하지만 평범한 사람보다 개성이 뚜렷하고 신선한 사람이 주목받기 마련이다. 독특하고 4차원적인 사람을 보면 모두 한 마디씩 한다. "엄지 척!"

우리는 B&B 호텔을 고를 때조차 화려한 커튼을 건 곳을 신선하다고 느낀다. 하지만 정작 자신이 튀는 건 두렵다. 사람들과 잘 못 어울리면 어쩌나, 나를 좋아하는 사람이 없으면 어쩌나, 믿을 만한 사람으로 안 보이면 어쩌나…. 그래서 신뢰를 주기 위해 말끔한 정장을 입고 성숙한 어른처럼 말하고 행동한다. 자신을 '진중, 겸손, 온화, 차분' 등의 형용사로 포장한다. 그렇게 더는 마음에 불씨를 태울 일도, 타고난 능력을 폭발적으로 발휘할 일도, 뜨겁게 피를 덥혀줄 사람도 없다. 그리고 보고서와 기획서에 묻혀 살아간다.

뭘 하고 뭘 배우든 호기심으로 시작하는 게 아니라, '쓸모가 있는가, 돈이 되는가'에서부터 출발한다. 판단 기준을 보면 갓 졸업한 풋풋한 신출내기가 아니라, 그냥 중년이랑 똑같다. 맞다, 중년이 딱 맞는 표현이다.

나를 면접 봤던 인사팀 담당자는 나에 대한 걱정이 많았다. 내가 남과 잘 못 어울리고, 고객이 나 때문에 떠나고, 팀 분위기가 나 때문에 흐려질까 봐 걱정했다. 하지만 나는 다양한 경험을 하면서 깨달았다. 개성을 잃지 않고 자기다워야 남과 더 잘 어울린다는 사실을. 그리고 가장 중요한 점은 믿을 만한 사람이 되는 타이밍을 깨닫는 거다. 뭐든 잘하고 다 믿을 만하게 처리할 필요는 없지만, 중요한 일에서 신뢰를 주는 방법을 알아야 한다. 타인의 존경과 사랑을 받고 싶다면, 먼저 신뢰와 인정을 받아야 한다. 일도 잘 못 하는 데 성질까지 부리는 사람을 누가 좋아하겠는가.

자신다움을 지키려면 어떻게 해야 할까? 모난 부분을 쳐내야 한다며 가해지는 압박을 어떻게 막을 것인가? 꾸준히 견디는 수밖에 없다. 이해받지 못하고, 거부당하고, 고독에 몸부림 쳐도 굳건하게 버티면, 언젠가 상대방이 먼저 무너진다. 상대방이 패배를 인정할 때까지 견뎌야만 이길 수 있다.

나는 모난 사람, 그러니까 타고난 순수함과 톡톡 튀는 생각으로 빛나는 사람이 정말 좋다. 사회라는 용광로에서 자신만의 개성, 생각, 독특함을 지키는 사람은 오히려 소통과 인간관계에 능하다. 그리고 '외부 환경에 순응하지만, 본성을 지키는' 인내심을 가지고 있다. 그들은 믿을 만한 사람이다. 자신의 천성적인 진지함과 호기심을 소중하게 생각하고, 외부의 압박을 견디고 포기하지 않은 사람들이니까.

요령보다 꾸준함이 최고의 품격이다

나는 잔머리가 좋은 편이다. 머리가 잘 굴러간다고 해야 하나. 어릴 때부터 대학 1학년 때까지 잘 돌아가는 잔머리 덕에 여러 가지로 요령이 좋았다.

남들이 반응하기 전에 이해했고 남들은 이해 못하는 내용을 반만 듣고도 무슨 말이 나올지 알았다. 남들이 최대한 집중해서 들어야 하는 수업을 딴짓하고 콜라를 마시며 들어도 소화했다. 어쨌든 그래서 나는 가장 최선을 다하는 사람은 아니었다. 물론 필요할 때는 열심히 하는 사람이긴 했지만 말이다.

회사에 들어가기 전까지는 줄곧 잔머리가 가져다주는 아름다운 세계에 살았다. 하지만 직장 생활을 하면서 갑자기 많은 일들이 있었고 여러 번 초조한 상황을 겪고 붕괴 직전까지 가면서, 그 잔머리가 오랫동안 내 마음을 갉아먹어 왔다는 사실을 깨달았다.

그저 잔머리가 내게 부정적은 영향을 미치고 있었다는 사실을 내 자신이 모르고 지나쳤을 뿐이었다. 남들이 네다섯 시간이 걸릴 일을, 조금만 집중해서 하면 한 시간 안에 처리했다. 그래서 남는 시간에 까불거리며 이 사람 저 사람 약 올리고 놀리면서 보냈다. 이렇게 낭비한 시간들 때문에 지금 내 능력에 불만을 느끼는지도 모르겠다. 정말 후회스러웠다. 그래서 일주일 동안 최선을 다해 일해 보았다. 힘들었지만 수확이 컸다. 그동안 낭비한 시간이 너무 아까웠고 갑자기 엄숙한 마음이 들었다.

사실 나처럼 잔머리가 좋은 사람들은 주변에 많은 편이다. 하지만 잔머리 하나로 끝까지 갈 수 있는 사람은 거의 없다. 오히려 꾸준히 성실한 사람들이 눈부시게 아름다운 꽃을 피운다.

잔머리가 좋은 사람들은 요령만 좋고 여러 가지로 인내심이 부족하다. 자신이 머리가 좋은 축에 들긴 하지만 그렇다고 어디 가서 가장 눈에 띄는 꽃이 될 만큼은 아니니 힘들게 시간과 공을 들이지 말고 적당히 하자고 생각한다. 영리한 사람들은 처음 만난 자리에서 어른들에게 가장 먼저 칭찬을 듣는다. 누구나 머리가 잘 돌아가는 사람과 대화하고 일하고 싶어 한다. 영리해 보여서 상사는 그들의 사소한 실수와 단점에 크게 개의치 않는다. 예를 들어 마음에 드는 사람이니 지각해도 봐준다든지. 하지만 현실은 어떨까?

사소한 단점이 개선되지 않고 쌓여서, 장기적으로 발전하는 데 걸림돌이 되고 만다. 더 무서운 건, 영리한 사람들이 너무 많다는 점이다. 사무실만 봐도 여기저기 다 영리한 사람들 투성이다. 처음엔 이런 영리한 사람들 사이에서 조금만 더 똑똑해 보이면 된다고 생각하다가, 의욕이 사라지는 단계에 이른다. 반대로 영리해 보이지 않아 어른들의 눈에 들지 못해서 항상 지적만 당했던 사람들은 단점을 개선하려 노력하고 시간을 들여 큰 성과를 얻는다.

영리한 사람은 조금만 노력하면 많은 것을 일굴 수 있다. 하지만 이들은 잔머리를 믿고 사소한 것에 주의를 기울이지 않는다. 또 항상 환영받는 존재라서 자신에게 그렇게까지 엄격할 필요가 없다고 생각한다. 또한 영리한 사람들은 인내심과 꾸준함이 부족하다. 하지만 이들이 꾸준히 노력하면 단점을 고칠 수 있다. 조금만 신경 쓰고 타인의 말에 귀 기울이고 성실하게 공부하면, 그리고 조금만 더 노력하면 남들과 확연히 다른 '꽃'이 될 수 있다.

'견딤이 모든 것을 말해준다' 라는 글을 쓴 적이 있다. 평범한 사람에게 딱 맞는 말이다. 그런데 뭔가 너무 무거운 것 같고 진취적인 느낌이 부족해서 뒤에 한마디 덧붙였다.

"꾸준함이 최고의 품격이다."

평범한 사람들과 나처럼 잔머리가 좋다고 우쭐해하는 사람들이 특히 기억해야 할 말이다.

생각을 바꾸면 원하는 행복이 온다

한동안 바닥 닦는 데 빠진 적이 있다. 먼지가 잘 들어오는 층이어서 그런 건지, 창문을 열든 아니든 먼지가 수북했다. 그래도 귀찮아서 일주일에 한 번 정도 닦는 게 고작이었다. 그러던 어느 날 몸이 안 좋아 집에서 쉬다가 무슨 바람이 불었는지 몇 번이나 걸레질을 했다. 깨끗해진 바닥을 보니 기분도 상큼해졌다. 그날부터 매일 한 번씩 바닥을 닦았고 바닥에 발자국이 남는 것도 못 견딜 정도가 되었다. 그러다 불현듯 무슨 일이든 3주 동안 계속하면 습관이 된다는 '21일 법칙'이 떠올랐고 내심 놀랐다.

그리고 편지들이 생각났다. 대부분 꾸준하지 못한 자신이 밉고 미래가 두렵다는 내용이었다. 사실 누구나 포기하는 순간이 있다. 그리고 꾸준히 하는 것 자체가 어려우니까 소수 몇 명만 성공을 거두는 것이 아니겠는가. 이는 우리가 이해하고 받아들여야 할 사실이다.

보통 우리는 무슨 일을 하다가 딱 중간이 아니라, 시작하고 두세 번쯤하고는 바로 포기한다. 매일 영어를 공부하겠다고 다짐하고는 3일 만에 안녕을 고한다. 자기 계발서에 자극받아서 공책에 계획을 빽빽이 적지만, 천리길도 한 걸음부터라는 말이 무색하게, 하루 만에 무너지고 만다. 헬스장에 등록하고 초콜릿 복근과 쭉쭉 빵빵한 몸매를 꿈꾸지만 러닝머신을 뛴 지 20분 만에 바닥에 널브러져서 남들이 운동하는 모습만 바라본다. 이처럼 누구나 꿈을 꾸지만, 꾸준함과 등을 돌리면서 꿈을 이루지 못하고 평범한 사람으로 남는다.

더우반에서 다음과 같은 어린 부부의 이야기를 읽었다. 부부는 늦게 자고 늦게 일어나는 습관을 고치고 싶었다. 그래서 매일 10시에 자고 새벽 6시에 일어나기 시작했다. 그 뒤 신기한 변화가 일어났다. 예전엔 잠이 덜 깬 상태로 겨우 일어나 시간에 쫓겨 밥도 먹는 둥 마는 둥 했는데, 일찍 일어나면서부터는 여유가 생겼다. 산책이나 운동을 하고 청소를 하거나 함께 아침까지 먹고도 출근 시간까지 여유가 많았다. 그렇게 부부는 하루가 참 길다는 사실을 깨달았다. 이는 실상 단순해 보이지만 막상 할라치면 어려운 일이다.

나도 부부처럼 살아보기로 했다. 밤 10시에 누웠지만 잠이 도통 오지 않았다. 늦게 잔 데다 새벽 6시부터 설치니까 지쳐버려서 이튿날에는 다시 원래대로 늦잠을 잤다. 그런데 오늘 아침엔 수양딸의 아침을 챙겨줘야 해서 서둘러 일어났다. 아이가 가져갈 음식과 물을 준비해놓고 아이를 깨워서 씻기고 아침을 먹여 보냈다. 그런데도 이른 시간이었다. 심지어 빨래하고 방을 정리하고 걸레질까지 했는데도 9시였다. 졸렸지만 버틸 만했고 이내 정신이 맑아지고 마음이 편해졌다. 나는 '내일도 일찍 일어나면 많은 일을 할 수 있겠구나. 책도 좀 보고, 나가서 운동도 하고, 가족을 위해 푸짐한 아침도 차리고 말이야. 그냥 간단하게 빵을 사다 먹어도 행복할 거야.'라고 생각했다.

더 일찍 맞이할 내일이 무척 기대된다. 물론 일찍 일어난다는 게 결코 쉬운 일은 아니다. 그래도 조금만 독하게 마음먹고 해보자. 일찍 일어남으로써 얻는 소소한 행복을 떠올리면 힘이 날 거다.

이런 '작지만 확실한 행복'을 맛보려고 꾸준히 일찍 일어난다고 치자. 하지만 꾸준히 하려면 체력이 뒷받침돼야 한다. 저질 체력은 '꾸준함'의 최대 적이다. 회사원은 출근할 때부터 벌써 피곤에 절어 있다. 그래도 회사에서 보내는 여덟 시간이 지나면, 책도 읽고 영어도 공부하고 부업으로 돈도 벌어보고 싶다. 그런데 그놈의 체력이 따라주질 않는다. 퇴근하면 소파에 철퍼덕 누워 멍하니 텔레비전을 보다가 기절하듯이 잠에 든다. 그렇게 무기력한 날들이 반복되자 삶에서 일을 빼면 뭐가 남나 싶고 허무함이 밀려온다. 반면 재미있게 사는 남들을 보니 게으른 자신이 미워진다. 설상가상으로, 만약 여덟 시간이나 해야 하는 일이 싫어 죽겠고 고통스럽다면 앞날이 캄캄하다 못해 컴컴하다.

일 자체가 싫다면 '꾸준함'이 정답이나 돌파구가 될 수 없다. '꾸준함'이 '파이팅'으로 이어지기도 힘들다. 나는 퇴근하면 취미를 즐기는 사람의 전형이다. 나는 업무시간과 퇴근 후의 시간을 별개로 생각한다. 낮에는 회사에 충실한 사람(가면을 쓴 것처럼)으로 살다가 퇴근 후에는 자신만의 세계로 통하는 문을 지나 진정한 자신으로 돌아간다.

먹고살아야 하는데 일이 싫다고 무작정 그만둘 수는 없다. 그런데 일이 싫어도, 퇴근 뒤 업무에서 벗어나 온전한 나로 돌아갈 수 있다면, 연약한 자신을 감추지 않고 마음껏 슬퍼하고, 기뻐할 수 있는 세상으로 돌아갈 수만 있다면, 퇴근하고 할 일이 자는 것밖에 없을지언정 행복이 피어오른다. 그리고 이렇게 행복하면 마음에 에너지가 가득해지면서 원하는 일을 할 수 있다. 자신을 속이는 게 아니냐고 생각할진 모르겠지만, 어쨌든 내 나름의 현실적인 해결책이었다.

24시간 돌아가는 세상을 반으로 쪼갠다. 마음 저쪽 편의 번뇌와 고민이 들어오지 못하게 문을 닫고 잊어버리면 고통에서 벗어나 몸과 마음이 편해진다. 그렇게 새롭게 열린 세계에서 활력을 충전한다. 그러면 다시 돌파구를 찾을 힘도 생긴다.

무라카미 하루키는 매일 새벽 4시에 일어나 글을 썼다. 그러다 9시가 되면 자신만의 세상을 떠나 회사로 향했다. 그리고 평범한 회사원으로 변신했다. 이런 하루키의 생활방식에 놀라기도 했고 반갑기도 했다. 딱 내가 꿈꾸던 생활이었다. 물론 지금도 새벽 4시는 나한텐 무리다.

단순하게 명언대로 살겠다고 파이팅을 외치지 않고 어떻게 하면 더 나은 삶을 살고 성장할까, 스스로 고민해보자. 서두르지 않고 안정적으로 꾸려가는 인생이 바로 이런 것이 아닐까.

빠르니까,
조금 천천히 해도 된다

생일에 친구가 아로마 오일을 한 병 선물했다. 그래서 밤마다 아로마 램프를 켜 놓고 글을 쓴다. 그러면 치앙마이에서 보낸 여유로운 시간이 떠올랐다. 살면서 가장 고요하고 평화로웠던 시간이었다. 매일 친구와 특별한 스파점으로 걸어갔다. 치앙마이 여자교도소 소장이 차린 스파였다. 형을 마친 전과자들이 사회의 벽에 부딪히자 그들을 받아주기 위해서 설립했다고 한다. 여죄수들은 감옥에서 180시간의 안마교육을 받고, 출소하면 스파에서 일할 수 있다.

조용하고 어스름한 조명 아래서 부드럽고 편안한 음악과 함께 코를 찌르는 아로마 향을 맡으며 스르르 잠이 들었다. 잠에서 깨면 샤워를 하고 젖은 머리 그대로 스파를 나섰다. 가벼워진 몸에 샌들을 신고 짧은 치마를 입고 사뿐사뿐 걸어 호텔로 돌아왔다.

줄곧 심신이 자유롭고 여유로운 느낌이 그리웠다. 특히 시끄럽고 복잡한 베이징에 돌아온 후 그리움이 깊어졌다.

대학을 졸업하고 바로 일을 시작했다. 지금까지의 시간을 돌아보면 매일 시곗바늘에 쫓기듯 촉박하게 돌아갔다. 졸업할 때는 외국어, 태권도, 승마, 그림 등 배우고 싶은 것들이 많았다. 남이 잘하는 모습을 보면 나도 빨리 배워야한다며 서둘렀다. 하지만 결과는 시원찮았다. 시작과 동시에 때려치워서, 중도 포기라고 말하기도 부끄러운 것들도 있다. '영어 회화 3개월 안에 끝내기', '피아노 반년 안에 정복하기', '1년에 15kg 감량' 등과 같은 목표가 흔적도 없이 사라졌다.

물욕으로 가득찬 사회에서 어떤 일을 천천히, 꿋꿋하게 하는 사람이 줄고 있다. 눈앞의 이익에만 급급해서 자기 인생에 끊임없이 한계선을 긋고 기계처럼 살아간다. 하지만 머리와 마음을 차분히 하고 임해야 배우고 성장할 수 있다. 또 차분히 배우고 성장해야만 인생에서 새로움을 받아들이게 된다. 무언가를 배우고 성장하는 건, 기계의 스위치를 올리고 내려서 시작하거나 정지할 수 있는 게 아니다. 하지만 우리는 마음속으로 시간을 재면서 어디서 어떻게 시작할지 막막해한다. 더구나 획획 바뀌는 세상을 보고 있자면, 미래가 두렵고 당황스럽기만 하다.

친구 하나가 베이징에서 새 인생을 시작했다. 그런데 일자리는 찾았지만, 심적 압박감이 오히려 더 커졌다. 2년 뒤 유학을 가기 위해 돈을 모으고 경험을 쌓고자 베이징에 왔지만, 2년 동안 돈을 충분히 못 모으면 어쩌나, 2년이 지나도 능력이 없으면 어쩌나, 자신의 꿈이 불발되면 어쩌나 하는 걱정에 출근하면 컴퓨터 모니터 앞에서 눈물을 흘리는 지경에 이르렀다. 나도 친구가 걱정돼서, 돈을 모으고 화려한 경력을 쌓을 방법을 같이 분석하고 고민했다. 작은 커피숍에서 머리를 쥐어짰지만, 결국에는 "연말까지는 ○○해야 해.", "내년에는 ○○해야 해."라는 말이 고작이었다. 내 마음도 덩달아 피곤해졌다.

그런데 며칠 뒤 친구에게서 문자가 왔다. 자기 문제가 뭔지 알았다고 했다. 사실 멀리 보고 성장하기 위해서 노력해야 한다. 유학은 성공으로 가는 중에 거치는 경유지일 뿐이지, 목적지가 되어서는 안 된다. 그렇게 생각하니 친구의 마음이 한결 가벼워졌다고 했다. 언제까지 돈을 얼마나 벌어야 하고, 어떤 경력을 쌓아야 한다는 생각에 조급해하고 걱정할 필요가 없다고 생각하니 삶이 훨씬 명확해졌다고 했다. 그래서 현재에 집중하고 하루하루의 행복을 받아들이면 자연스레 성장할 거라고 믿는다고 했다.

"빠르니까, 조금 천천히 해도 된다." 이 말은 내 책 《베이징에서 멀고도 가까운 대만까지》를 각색한 영화감독이 자주 하는 말이다. 내게 메일을 보낼 때 마지막에 항상 이 말을 적는다. 그 감독은 과묵한 염소자리다. 조용히 차를 마시며 천천히 영감을 떠올리는 걸 좋아한다. 대만 남자들이 낭만적인 건가. 베이징에 오면 늘 나를 만나러 오는데, 한참을 기다리다가 나를 보면 바람을 가르듯 쏜살같이 달려온다.

느긋한 성격의 이 감독은 마흔 살이라고 들었다. 베이징 영화학원에서 석사를 마치고 지금까지 영화 두 편만 찍었다고 했다. 그리고 전작을 찍는 데 5년이나 걸렸고, 그 영화의 대본은 사람들이 대부분 거들떠보지도 않았다고 했다. 어쨌든 처음에는 적극적이었던 파트너들과 제작자, 친구, 투자자들도 5년이라는 세월이 흐르면서 하나둘씩 떠나갔다. 아무도 지지해주지 않았고, 다들 포기하라고 권했다. 과외로 생활비를 대야 할 형편까지 갔다. 그런데 5년이 지난 어느 날 밤, 감독의 예전 친구가 전화를 한 통 받았다. 그 영화가 완성되었을 뿐 아니라 그날 밤 상까지 받았다는 전화였다.

왜 유명한 감독과 계약하지 않았느냐고 내게 묻는 사람들이 있다. 감독에 관한 이야기를 들어서인지도, 고요한 찻집에서 차분하게 나를 기다리는 모습이 좋아서 그를 선택했는지도 모른다. 차분함도 일종의 힘이라고 믿는다. 차분하면 마음이 일 자체에 빠져들어 오롯이 집중한다. 눈앞의 이익에만 급급한 우리 마음에 가장 부족한 부분이 바로 차분함이다.

마지막에 웃는 자가 제일 강한 법은 없다

고등학교 2학년 때 아침 달리기에서 나는 쭉 선두그룹에 속했다. 육상부 코치에게 나 같은 스포츠 유망주는 탐나는 인재였다. 얼마간 아침저녁으로 단체훈련을 받고 난 후, 나는 학교를 위해 중임을 지고 시장배 체육대회 3000미터 달리기 시합에 출전했다.(나중에야 장거리 여자 선수가 부족했다는 말을 들었다.)

경기 날 만반의 준비를 하고 의기양양해 있었는데, 경기 시작 전 마지막으로 화장실에 가서야 알아차렸다. 그분께서 왕림하신 것이었다. 다 알겠지만 그분이 오시면 과격한 운동을 피해야 한다. 3,000미터는커녕 체육 수업도 땡땡이쳐야 하는 기간이다. 고로, 체육 선생님께 사실을 말씀드리기로 했다. 나는 소중하니까.

체육 선생님은 머리가 희끄무레한 남자 선생님이셨는데, 잠시

골똘히 생각하시곤 말씀하셨다. "일단 뛰자. 시합에서 빠지면 참가 보증금을 날리게 되거든. 일단 출발신호가 울리면 조금 뛰다가 내려와."

괜찮은 아이디어였기에 나는 출발선에 섰다.

출발을 알리는 총성과 함께 나를 제외한 15명의 선수들이 쏜살같이 달려나갔다. 나만 뒤처져 여유롭게 달리고 있었다. 20미터도 못 가서 앞서 가던 세 명이 줄줄이 넘어졌다. 흘끗 쳐다보고는 이를 악물고 지나치며 생각했다. 그분을 모시고 뛰는 사람도 있고만, 넘어지면 벌떡 일어나면 되지 왜 저러고 있을까.

달리기 초반엔 기분이 꽤 괜찮았다. 우레탄 트랙 색깔도 예쁘고 폭신하니 학교 흙바닥 운동장보다 한결 편했다. 파란 하늘에 상큼한 바람, 옆에 늘어선 나무들까지 더해지니, 그야말로 꿈에서 보던 광경이었다. 그렇게 생각에 생각이 꼬리를 물고 눈 깜짝할 새 두 바퀴를 달렸다. 그때 이유는 모르겠지만 중도 포기인지 두 선수가 트랙을 나가고 있었다. 어쨌든 나는 전혀 흐트러지지 않고 페이스를 유지했다. 내가 나를 아껴야 하지 않겠냐는 생각이었다. 조직의 이익을 위해 이 한 몸 바치겠다는 생각은 추호도 없었다. 이땐 역시 어렸나 보다.

세 바퀴째까지 컨디션이 괜찮았다. 중·고등부 경기에서 선수로 뛰는 것은 이번이 처음이자 마지막일 텐데 체면상 포기하기는 싫었다. 풋풋한 학창시절에 연애도 못 해봤는데 잊지 못할 소중한 추억 하나쯤은 남겨야 하지 않을까라는 생각에서였다. 그렇게 잔걸음으로 천천히 달리다 보니 어느덧 두 바퀴를 더 돌았다.

꼴찌였지만 강인한 정신력을 발휘하며 느긋함을 유지했다. 잠시 뒤 50미터쯤 앞에서 4명이 서로 밀치고 있는 모습이 보였다. 그러고는 뒤엉켜 넘어져서 심판의 부축을 받으며 퇴장했다. 참나, 뭘 저렇게까지 할까. 어차피 우승은 물 건너갔는데 밀치긴 왜 밀쳐.

말랑한 우레탄 바닥을 유유자적 달렸더니, 내 바로 앞 선수, 그러니까 뒤에서 두 번째 선수보다 두 바퀴나 뒤처져 있었다! 그러다 마지막 한 바퀴를 남겨두고 문제가 생겼다. 여자 몇 미터 경기인지는 모르겠지만 심판이 신호총을 치켜들고 있었고 선수들이 준비 자세를 취하고 있었다! 젠장! 아직 안 끝났다고요! 젖 먹던 힘을 쥐어짜며 그 심판을 향해 내달렸다. 보란 듯이 옆을 지나치던 그때 한마디 말이 귀를 스쳤다. "잠깐만요! 아직 못 들어온 선수가 있습니다!"

그제야 원래 속도를 되찾고 잠시간의 조급함을 달랜 뒤 다시 꿋꿋이 달렸다. 마지막 100미터를 남겨 두고도 체력이 충분했다. 이제 마지막 스퍼트를 멋있게 장식해야겠다는 생각이 들었다. 올림픽 같은 그런 느낌으로. 그때부터 끝을 향해 전속력으로 내달렸다. 갑자기 함성과 환호성이 터져 나왔고 내 마지막 전력투구에

폭발적으로 열광하는 관중들이 보였다. 그 순간 안 겪어본 사람은 모를 특별한 감동이 밀려왔다. 하지만 굉장히 불안했다. 마지막 100미터를 달리는 동안 그분이 터지시지는 않을까 하는 걱정 때문에.

힘내, 10미터만 더 뛰면 결승선이야. 모든 심판들이 허리를 굽혀 파이팅 포즈를 하고 있었다. 모두 다른 학교의 체육 선생님이었지만 이때만은 한마음 한뜻이었으리라. "빨리 좀 뛰어! 다음 조 경기가 지연되잖아!"

결승선을 통과하자 선생님들이 달려들며 나를 부둥켜안았다. 내가 엄청 지쳤다고 생각하신 모양이다. 천천히 내 페이스대로 뛴 건 모르시는 것 같았다. 한 남자 심판이 격앙된 목소리로 물었다. "어느 학교 다니니? 컨디션 조절도 잘했고 마지막엔 진짜 굉장했다. 대단해!"

나는 옷매무새를 다듬고 호흡을 고른 다음 힘주어 말했다. "그분이 오시는 바람에 빨리 뛸 수 없었던 거예요."

그 심판이 또 물었다. "그럼 내년에도 참가할 거니?"

"아니요, 내년엔 고3이라서."

이렇게 여자 3,000미터 중·고등부 체육대회에서 참가 선수 15명 중 나는 6위를 차지했다. 넘어지거나 중도 포기한 9명 덕분이었다.

붉은색 상장과 부상으로 세숫대야를 받았을 때, 남자 5,000미터 시합이 치열하게 펼쳐지고 있었다. 같은 반 후보 선수가 거기에 끼어 있었기 때문에 나도 세숫대야를 흔들며 응원했다. 그 아이 역시 4위를 차지하며 괜찮은 성적을 거뒀다. 참가 선수가 달랑 4명이었으니까.

노력하라,
나머지는 시간에 맡기고

PT시간에 복싱을 했다. 전반전을 뛰고 내려와 바닥에 앉아 쉬었다. 목을 축이며 트레이너에게 물었다. "저도 나중에 트레이너가 될 수 있을까요?" 사실, 정말 트레이너가 되고 싶어서가 아니라 딱히 할 말이 없어서 물은 거였다. 대화도 하고 조금이라도 더 쉬기 위한 꼼수이기도 했다. 내 옆에 앉아 있던 사람은 헬스장에서 철인으로 알려진 트레이너였다.

"아니요." 트레이너는 쳐다보지도 않고 물을 마시며 말했다.

"왜요?" 나는 의아해서 되물었다. 배에 복근은 아직 없지만, 그렇다고 꿈도 못 꾸나?

"나도 내가 트레이너가 될 거라곤 생각도 못 했습니다." 트레이너가 말문을 열었다. "열한 살 때 복싱을 배우기 시작했습니다. 재밌어서 몇 년 동안 했는데, 코치님이 경기에 나가보라고 하더군요. 입상도 하고 몸도 좋아졌습니다. 그리고 헬스를 접하게 되었고 혼자 운동했습니다. 2년 정도 하니까 몸에 근육도 붙었습니다. 실력이 빨리 늘어서 보디빌딩 대회에도 여러 번 출전했습니다. 그러다 코치님의 조교가 됐습니다. 코치님께서는 헬스 트레이너 자격증을 따라고 하셨습니다. 그렇게 열한 살부터 운동을 시작해서 트레이너가 되기까지 10년 정도 걸렸고 벌써 서른을 바라보고 있네요. 고향의 체육관에서 시작했는데, 한 걸음씩 걸어 이제는 베이징의 헬스장에서 일하고 있네요."

철인 트레이너는 말주변이 없었다. 그래도 핵심은 전달되었다. "운동을 정말 좋아하고 노력해야 한다. 시작부터 결과를 바라서는 안 된다. 내 목표가 단순히 트레이너였다면 절대 좋은 트레이너가 되지 못 했을 거다. 기껏해야 한두 해 운동해서 몸 좀 만들어서 체육관 안에서만 큰 소리 치는 하수에 그쳤을 거다."라는 말이 하고 싶었던 거다. 그 순간 생각났다. 간혹 부업으로 글을 써서 돈을 벌고 싶다고 하는 네티즌들이 있다. 그러면서 글은 어떻게 쓰느냐, 뭘 써야 잡지나 인터넷에 올릴 수 있겠냐고 묻는다. 그런데 나는 이 질문에 대답할 수 없다. 나는 그냥 글 쓰는 데만 전념하지 어떤 결과를 기대하지 않기 때문이다.

더우반에서 유명한 글이 있다. 미용에 관한 글인데, 제목이 '시간이 어떻게 내 피부를 스쳐갔는가'이다. 제목만 봐도 느낌이 팍

온다. 나는 운동 첫날 트레이너에게 받은 신체검사에서 모든 항목이 기준 미달이었다. 그냥 딱 봐도 허리랑 다리는 굵고 엉덩이는 납작했다. 비싼 옷으로 대충 가릴 수 있겠지만 열등감은 여전했다. 이제 두 달 반 정도 운동했는데 서구적인 몸매까진 아니더라도 허리가 가늘어지고 엉덩이도 살짝 업됐다. 다리랑 팔에는 힘도 많이 붙었다.

일주일에 서너 번 미친 듯이 땀을 흘리니 각질 제거제랑 보디 샤워제가 필요 없을 만큼 피부가 좋아졌다. 그것이 어떤 노력의 결과인지 정확히 안다. 아침잠과 사투를 벌이며 일어나 헬스장으로 향한다. 스쿼트를 하고 맨손으로 30kg를 들어 올린다. 절대 할 수 없을 거라고 생각했던 동작과 무게에 도전해서 얻은 성과다. PT 시작 전에는 운동복을 제대로 입고 땀에 흠뻑 젖어본 게 언제였는지도 가물가물했다. 심지어 땀 냄새가 어땠는지도 기억이 안 났다. 그날 복싱 수업이 끝나고 트레이너가 손 붕대를 풀어주며 말했다. "힘들었나 봅니다. 붕대까지 젖었어요." 몸매 가꾸기 같은 일은 시간이 정답이다.

더우반에 이웃 블로거가 있다. 그가 처음 글을 포스팅할 때는 팬이 별로 없었다. 글을 잘 쓰고 싶다는 메일을 받고 그를 이웃으로 추가했다. 그는 지난 2년간 2~3일에 하나씩 글을 올렸고 열의가 대단했다. 내가 여러 번 댓글을 남기기도 했다. "일 안 해요? 애

아빠에 직업까지 있는 사람이 어떻게 이렇게 자주 포스팅을 하지? 부지런도 하여라." 그는 그냥 쓰고 싶으면 쓰는 거라서 피곤하지 않다고 했다. 지금은 팬이 수만 명 정도 되는 것 같다. 그는 여전히 자주, 부지런하게 글을 올리고 있다.

'복덩이'라는 아이디를 쓰는 또 다른 이웃도 있다. 그녀의 블로그에 문학적인 글은 없었다. 그런데 테마 앨범이 무려 1,600개나 있었다. 세상에나! 내 블로그 사진은 다 합쳐도 1,600장이 될까 말까다. 그런데 앨범이 1,600개라니! 시간과 열정을 얼마나 쏟아부었는지 짐작도 못 하겠다!

신둥팡에서 본 글이다. "자아를 실현할 일을 찾아 일로매진하면, 거기에 회사 제도와 시스템까지 탄탄하다면 승진, 연봉 인상 등 물질적 성과는 그저 부산물일 뿐이다."

좋아하는 일을 선택해서 최선을 다하는 사람을 나는 진심으로 우러러본다. 그들의 이런 뚝심은 '몰입력'이라고 불린다. 이제 남은 건 시간에 맡기면 된다. 시간은 모든 일을 공평하게 처리하니까.

사소한 일을 잘 하는 것이 능력이다

업무 때문에 매일 컴퓨터를 택배로 전국 각지의 언론사에 보내야 한다. 큰 프로젝트가 있으면 공휴일이든, 새벽이든, 한밤중이든 상관없이 배송하기도 한다. 여러 동료가 택배 기사가 무책임하고 게으르다고 욕한다. 또, 야근 시간에 택배 운송이 필요할 때 잘 안 도와준다고 원망한다. 그래서 택배 기사가 시간과 상관없이 신이 나서 배송하게 하는 노하우를 말하려고 한다.

나는 나와 자주 일하는 택배 기사 몇 명의 전화번호를 저장해 놓았다. 그들은 내 친구다. 그들이 물건을 가지러 오면 물 한잔을 대접한다. 또 물건이 많으면 차 문을 열어주기도 한다. 그들이 피곤해하면 격려도 아끼지 않는다.

"자, 힘내요. 진가를 보여줘야죠!"

궂은 날씨엔 언론사에 말해서 배송 시간을 늦춘다. 첫째, 비 오는 날에 전자제품을 운송하면 기계에 문제가 생길 수도 있고, 둘째, 비 오는 날엔 택배 기사가 위험할 수도 있다는 우려 때문이다.(차가 너무 낡았다.)

배송 착오가 있어도 아무 말 않고 언론사와 협의해서 물건을 다시 보낸다. 택배 회사에서 물으면 기사들이 책임을 면하도록 한마디 거든다. 그들이 야근해야 할 일이 있으면, 나는 아침이든 밤이든 밥을 산다.

아침 7시 반에 물건을 실어 현장에 갈 일이 있었다. 6시 반에 겨우 눈을 뜰 무렵 택배 기사의 전화를 받았다. 시계가 한 시간 늦었나 싶어 엄청 놀랐다.

"자오싱, 일어나라고 전화했어요. 7시 반에 회사에서 짐 실어야 하니까 늦지 마세요."

진짜 놀랐다. 택배 기사가 날 깨워주다니! 예전에는 내가 지각하면 안 된다고 신신당부했었다! 전화를 받고 겨우 일어나 씻고 화장을 하고 나갔다. 기사들에게 줄 아침을 사서 어안이 벙벙한 채로 회사에 갔다. 택배기사들이 벌써 문 앞에서 나를 기다리고 있었다. 서둘러 안으로 들어가서 기사들이 신속하게 짐을 실고 시동을 거는 모습을 지켜보았다. 그리고 그들에게 아침을 건네주며 낡은 차에 올라탔다. 소탈한 게 바로 내 장점이다. 값비싼 정장을 입고 지저분한 차 안에서 함께 아침을 먹고 이야기를 나누었다. 기사들은 차 때문에 내가 백 년에 한 번 입을까 말까 한 옷과 구두가 더러워질까 걱정했다. 나는 검정 스커트라서 괜찮다고, 더러워지면 빨면 되니까 괜찮다고 말했다.

나는 인턴 첫날부터 지금까지, 택배 운송장 작성을 지겹다고 생각한 적도 없고 오히려 즐겁게 했다. 입사한 지 얼마 안 된 신입들이여, 자신의 재능이 썩고 있다고 생각하지 마라. 사소한 일을 끝내주게 잘하는 것이 기본이고, 그게 자신감을 심어 준다. 단순하기 그지없는 일을 완벽하고 탁월하게 처리하는 것 또한 자신감 넘치는 미소를 지을 수 있게 하는 탄탄한 능력이다.

자기 일에 최고가 된다는 것

야근을 마치고 집에 가려고 택시를 기다렸다. 마침 내 앞에 멈춰선 택시에서 손님이 내렸다. 타려고 차 문 앞에 서 있는데, 그 손님이 고개를 돌려 택시기사에게 말했다. "잘 가세요. 자주 연락하시고요." 이상했다. 택시기사와 왜 자주 연락하지?

"방금 내린 손님은 공항에서 태웠어요. 차를 예약했거든요, 150위안에." 열정적인 기사님이 시원스럽게 말했다.

"택시회사에도 그런 서비스가 있어요?"

"내가 개발했지. 저 손님은 한 3년쯤 됐나. 미국 갔다 베이징에 오면 내 차를 타요. 저 손님 비서가 문자로 항공편이랑 도착시각을 알려줘요. 주차비랑 고속도로 통행료 다 합쳐서 150위안이죠."

"그럼 밑지는 거 아니에요? 공항에서 여기까지 택시비가 100

위안 정도잖아요."

"여기서 공항까지 110위안에, 고속도로 통행료 20위안, 주차비 11위안이니까. 9위안 남는 셈이네요. 비행기 기다리는 시간이랑 빈 차로 공항 가는 시간 빼고 말이요. 손해인 건 맞는데 정이 있잖아요. 저 손님이 나를 신뢰하기도 하고."

"그럼 손님 얼굴을 모르면 어떻게 찾으세요? 제가 누굴 태워오라고 했는데 모르는 사람이면 어떡하세요?"

"회사 로고를 저한테 주시면 돼요. 글씨 큰 거로. 그걸 내가 들고 있으면 그쪽에서 알아보니까. 그리고 어디 지점인지 알려주면 시간에 맞춰 모셔다드려요." 드문드문 영어를 섞어 쓰셔서 조금 놀랐다. 기사가 이어서 말했다. "아까 그 손님은 미국 교포라오. 나랑 3년 동안 봤는데 친구랑 진배없어요. 저 사람 전에 여사장님이 있었는데 싱가포르 사람이었고, 3년 3개월 동안 내 택시를 탔어요. 외국인이니까 임기가 정해져 있었죠. 귀국할 때 크리스털 목걸이를 나한테 주더군. 진짜 예뻤는데. 나는 모란화 그림을 사서 선물했고. 나처럼 평범한 사람은 그 손님처럼 비싼 물건은 못 주지만 정성을 보여주고 싶었어요. 중국에서는 내가 '베스트 드라이버'라고 기억했으면 해서 말이지."

"그 여사장님 말고 미국인도 있었지. 출퇴근할 때 내 택시를 탔어요. 집이 공항 근처의 별장구역에 있어서 매일 둥팡광장까지 데려다줬어요. 3년 5개월 동안 비가 내리고 바람이 불어도 지각 한 번 안 했어요. 진짜 쉬운 일은 아니었어요. 만약 오후에 반대 방향으로 가는 손님이 있으면 어쩌겠소? 그 손님을 태우면 시간에 못 맞추니까, 그냥 포기해야지 뭐 별수 있나요. 그래서 가까운 곳에 가는 손님만 태웠어요. 당연히 손해지요. 그래도 하기로 한 일이니까 열심히 했어요. 그분이 귀국할 때 나랑 비서랑 공항에 배웅하러 갔는데, 눈물바다였어요. 3년 동안 아침저녁으로 만났으니 정이 안 들래야 안 들 수가 없지요. 그분이 붉은 축의금 봉투에 3,000위안을 넣어서 줬어요. 안에 메모가 들어 있었는데, 영어로 내가 베이징에서 제일 좋은 친구였고 제일 멋진 기사라고 쓰여 있더군. 기분 최고였죠. 3,000위안 받았다고 좋은 게 아니고요. 물론 돈도 좋긴 하지만, 내가 열심히 일했고, 그걸로 인정받았으니 기쁠 수밖에요."

"3년 동안 알고 지내면서 영어도 많이 배웠지. 쓰지는 못하지만. 곧 쉰인데 어떻게 영어를 배웠겠냐고 생각하지요? 사실 내가 엄청 열심히 하고 세심한 사람이에요. 바늘처럼 가는 물건도 볼 수 있을 정도라니까. 털털해 보여도 상상도 못 할 만큼 세심한 사람이에요, 내가."

"젊은 사람들이 열심히 살아야 하니까, 특별히 내 이야기를 하는 거예요. 열심히 하면 사장 눈에 들게 돼 있어요. 나는 내 일에 자부심을 느껴요. 돈은 젊은 사람들만큼 많이 못 벌어도 즐겁게 살아요. 평범한 택시기사지만 외국 사장님들과 우정도 쌓고 인정도 받았으니, 나라를 빛낸 거라고도 할 수 있지요. 손님 돈을 떼먹은 적도 없고 길을 돌아간 적도 없어요. 내 차를 탄 외국 사장님들은 내가 최고라고, 베스트 드라이버라고 해요."

오는 길 내내 기사는 신나서 이야기했고, 나는 부끄러웠다. 내가 아무 생각 없이 하루를 보내고 잔머리만 믿고 살았다는 점을 깨달았다.

돈을 내고 차에서 내렸다. "감사합니다, 기사님."

'가짜 엘리트'의 허울을 버리자

내일 모 감독과 함께할 프로젝트를 준비하느라 정신이 없었다. 저번 주 토요일에는 기기 테스트를 한다고 한밤중까지 야근했다. 월요일인 오늘도 각종 계약서를 정리하고 마무리하느라 야근했다. 베이징에서 최고로 기개 넘치는 건물을 나설 때는 벌써 9시였다. 신문 가판대에서 아무 잡지를 골라 샀다. 한참 걸어 버스정류장에서 버스를 기다렸다. 그런데 아무리 기다려도 차가 오지 않았다. 그래서 정류장 LED 광고판의 빛 아래서 잡지를 펼쳤다. 그때 갑자기 '가짜 엘리트'라는 단어가 눈에 확 들어왔다. 실소가 터졌다. 어? 나잖아.

고개를 돌려 청콩그룹 회장인 리자청의 쇼핑몰을 올려다봤다. 대학 시절, 몇 번이나 지나쳤지만 들어갈 엄두가 안 났다. 화려한 조명에 주눅이 들었고, 가격이 비싸 보였다. 그때는 대학 졸업 후,

매일 이 대형 쇼핑 거리에 있는 건물에 출근하고 여기서 밥을 먹고 쇼핑을 할 거라고는 상상도 못 했다. 그때의 나처럼 모든 젊은 이들이 이 건물들을 주시하고 있으리라.

이곳에는 유명 글로벌 회사들이 즐비하다. 귀에 익숙하지만 옆 건물에 있다는 사실을 영원히 모를 기업들도 있다. 이곳은 드라마 배경으로 자주 등장한다. 그리고 여기서는 스타들을 자주 마주친다. 인턴 때는 이곳에서 쥐꼬리만 한 월급으로 한 끼에 25위안이나 쓰거나, 가까운 쇼핑몰에 가서 정상가보다 훨씬 비싼 점심을 사 먹었다. 어쨌든 돈이 없어 쪼들렸던 그 시간이 아직도 강렬하게 기억에 남아있다.

그 뒤 이 건물에서 정규직으로 전환되고 승진도 했다. 그러면서 아래층에 있는 일식 체인점에서 사먹는 규동이나 라멘 등에 질려갔다. 가족과 함께 먹던 집밥이 그리웠다. 찻상에 놓인 아담한 등의 소박한 빛과, 작은 의자에 앉아 텔레비전을 보며 먹는 만두, 편안하고 만족스러운 식사를 마치고 들던 달콤한 잠이 그리웠다.

비싼 음식 먹으면서 배부른 소리나 한다고, 내게 돌을 던지고 싶을 수도 있다. 하지만 이건 정말 내 솔직한 심정이다. 내가 진짜가 아닌, 가짜 엘리트라서 그렇다. 그래, 가짜라는 걸 인정하겠다.

쓰촨 지진 지역에 봉사활동을 하러 가서, 나는 내가 가짜 엘리트라는 사실을 깨달았다. 물론 돕고 싶은 마음에 간 거였다. 내 옷과 방호 물품을 가져갔지만 청두를 떠나 재해 지역으로 들어간 시점부터, 가방을 열 기회가 한 번도 없었다. 길에서 산 5위안짜리 티셔츠를 입었고, 봉사활동이 끝날 때까지 바지 한 벌로 버텼다. 머리도 거의 감지 못했고, 며칠 내내 채소 만두와 멀건 죽만 먹었다. 마지막엔 비행기 표를 살 돈이 없어서, 다른 사람의 신용카드로 결제해서 가까스로 돌아왔다. 돌아오는 비행기에는 지진 복구를 도우러 온 농민공들이 가득했다. 모두 붉은색 봉사자 옷을 입고 있었고 검게 탄 얼굴을 한 그들은 비행기에 타자마자 곯아떨어졌다. 피곤에 지쳐서 그럴 거다. 그들을 보니, 브랜드 가방을 메고 봉사활동을 하러 간 나 자신이 마치 며칠 놀다온 사람처럼 느껴졌다. 며칠 동안 가방을 한 번도 열어보지는 못했지만 말이다.

올해 다시 쓰촨에 갈 때는 거기에서 알게 된 아이에게 줄 물건을 많이 사갔다. 그 집 식구들은 내 조그만 성의보다 몇 갑절이나 더 친절하고 따뜻하게 나를 대해주었다. 그곳에서 그들과 함께 수수하게 며칠을 보내면서 내 마음 깊은 곳에서 선량하고, 소박하고, 따뜻한 감정이 다시 살아났다. 그런 감정들은 내가 억지로 포장했던 '가짜 엘리트'로서의 삶에 여유를 주었다. 다시금 나는 겸손하며 노력하는 사람이 되자고 결심했다.

쓰촨에서 돌아온 뒤, 진짜인 척 꾸미려고 애쓰던 '가짜 엘리트'의 허울을 포기하고, 진실하고 온전한 범인이 되리라 마음먹었다. 교통 카드를 사서 버스를 타고 출퇴근했고 밤늦게까지 야근한 날 말고는 최대한 대중교통을 이용했다. 그리고 유명한 패스트푸드점이나 식당에 가지 않고 직접 음식을 만들어 먹기도 했다. 시간이 흐르면서 나는 부드럽고 친근한 사람으로 변해갔다. 실없는 말도 할 줄 알고 쓸데없이 수다를 떨기도 했고, 때와 장소에 따라서는 정확한 영어를 구사하면서 미소를 지을 줄도 알게 되었다. 그렇게 다양한 계층의 사람들 속에 잘 녹아들었다.

내가 고층 빌딩 사무실에서 일한다고 부러워하거나 질투하는 사람도 없었다. 아, 그리고 우리 회사 협력업체 사람들은 내가 더 이상 화이트칼라 흉내를 내지 않는다며, 마치 장사하는 사람 같다고 좋아했다. 나는 원저우 상인들의 태도가 좋다. 그들은 굽힐 때는 굽히고 펼 때는 펴고, 부를 즐길 줄도 고난을 견딜 줄도 안다. 예전에 비행기에서 원저우에서 온 사장님들을 만난 적이 있다. 그들은 자신들보다 어린 내 앞에서도 겸손했고, 내게 PR에 관련된 지식을 끊임없이 물어봤다. 내가 역량이 부족해서 두 마디밖에 못한 게 아쉽다.

아픔을 겪어 본 나는 생명의 마지막 한계선을 건드리는 절망을 기억한다. 눈앞에 여러 가지 유혹이 나타날 때마다 무의식적으로 비통했던 일을 생각한다. 화려한 식당, 비싼 옷 등 번드르르한 것들이 내 마음속에 불안감을 불러일으킨다. 이유는 잘 모르겠다. 친구랑 5성급 호텔의 스위트룸에 묵었는데, 친구가 이런 말을 했다. "평범한 집에서 자라서 그런지 이렇게 화려한 건 어딘지 불편해. 그래서 5성급 호텔의 극도로 친절한 직원들을 만나면 어쩔 줄을 모르겠어." 말로는 표현하지는 못 했지만 나도 비슷한 느낌이 들었다. 나는 고상한 사람이 아니다. 엄청나게 대단한 일을 할 수도 없다. 그냥 살면서, 한계에 부딪혔지만, 빛을 조금이라도 보기 위해 노력하는 사람을 도와줄 수 있을 뿐이다.

직업이 화려하든 아니든, 남에게 추앙받는 사람이든 아니든, 마음이 흔들리지 않고 안정되어야 한다. 엘리트, 화이트칼라, 전부 내가 별로 좋아하지 않는 꼬리표다. 나는 내가 굽힐 때 굽히고 펼 때 펴는, 부를 즐기고 고난을 견딜 줄 아는 사람이 되기를 간절히 바란다. 나를 장사꾼이라고 생각해도 상관없다. 어느 날 내 일이 내게 더 이상 빛을 줄 수 없을 때, 여전히 평정심을 잃지 않길 바란다. 그리고 선하고, 소박하고, 아름답고, 강한 마음을 간직할 수 있길 바란다.

가짜 엘리트의 길을 걷고 있거나 걸을 예정인 사람들에게 해주고 싶은 말이 있다. 계속 걸어가라. 화려한 네온사인에 질리고 나서야, 어두운 좁은 길 위에 켜진 작은 등의 따뜻함을 느낄 수 있다. 그리고 멈춰 서서 뒤를 돌아볼 수 있다. 그렇게 자신이 출발했던 이유를 다시 보고, 꿈이 시작된 곳으로 돌아갈 수 있다.

5장

고독이라는 시험 없이 꿈은 이루어지지 않는다

"세상의 모든 혁명은 위험을 무릅쓰고, 방해를 뿌리치고, 책임을 짊어졌던 영웅들에 의해 이루어졌다."

우리가 가는 길에 대해 모든 사람의 동의를 받긴 어렵다. 주변 사람 모두의 지지와 이해를 얻는 건 불가능하다. 타인의 지지와 격려를 받아야만 용기가 난다면 절대 멀리 갈 수 없다.

꿈은 고독이라는 시험을 쳐야 한다

영화관 엘리베이터에서 저우제룬의 포스터를 봤다. 친구가 놀라며 말했다. "엥? 저우제룬의 뮤지컬? 뜬금없이 웬 뮤지컬?" 고개를 들어 과거 마음속 우상의 포스터를 보았다. 나는 그의 콘서트를 보려고 전국을 돌아다닐 정도로 열광적인 팬이었다. 그런데 오랫동안 그의 노래를 듣지 않았다. 그리고 마음을 울리는 신곡도 듣지 못했다. 저우제룬의 첫 영화는 엉망진창이었다. 왜 영화를 찍었을까, 선뜻 이해되지 않았다. 노래만 잘하면 됐지, 굳이 영화를 해야 했을까? 게다가 영화도 시원찮아서 욕만 바가지로 먹었다. 또, 영화 한다고 신곡을 안 내서 비난만 거세졌다.

그런데 내가 사회에 나와, 인생의 방향을 찾고 낯선 꿈을 향해 나아가면서야, 틀을 깨고 도전하고 싶은 마음이 뭔지 깨달았다.

또, 박수와 환호 소리 하나 없는 어둠을 헤치며 낯선 분야로 나아가는 것이 얼마나 고독한지, 이해받지 못한다는 느낌과, 마음 같지 않은 무력감이 뭔지 깨달았다. 그래서 저우제룬이 새로운 분야에 도전해서 음악만큼의 성공을 거두지 못하더라도, 마음속으로 조용히 응원했다.

오디션 프로그램에 출연한 류밍후이라는 사람이 있다. 원래 수학 선생님인데 가수를 꿈꾸는 사람이었다. 호기심에 류밍후이가 노래하는 영상을 찾아보았다. 그는 잘 웃지 않고, 감정 변화가 크지 않았다. 또, 노래 스타일과 분위기가 늘 한결같았다. 그래서 시련을 많이 겪은 사람이 아닐까 생각했다. 심적 갈등과 주위의 소문에 시달렸을지도 모른다. 그래서 강하고 흔들리지 않는 내면을 가지게 된 듯하다. 안정적이고 존경받는 직업을 버리고, 수입이 전혀 보장되지 않는 연예계로 진출하는 건, 쉽고 단순한 일이 아니다. 게다가 교단과 무대와의 거리는 너무 머니까.

류밍후이의 무대를 보면 수학 선생님을 하는 친구가 생각난다. 친구는 원래 가이드가 되고 싶다고 했다. 졸업할 때부터 입만 열면 가이드 타령이었다. 외국어를 배우고, 가이드 학원에 다니고, 전국 관광지를 섭렵해야 한다고 입버릇처럼 말했다. 하지만 말뿐이었고 지금도 수학을 가르친다. 그리고 결혼하고 아이를 낳자, 가이드란 말이 쏙 들어갔다. 둘이 만나면 넌 돈을 얼마나 버느냐, 자기가 집을 사고 차를 샀다 등의 말이 전부였다. 지금은 가이드를 꿈꾸지 않는단다. 한 걸음조차 내딛는 게 어렵다고, 남편을 포함해 주변에 믿어주는 사람이 없다고 했다. 게다가 아이를 낳고 나니 더 어렵다고 했다. 현장에서 류밍후이의 공연을 본 날, 친구에게 전화를 걸어 말해주고 싶었다. "네가 꿈을 이룬 모습을 봤어!" 하지만 모르겠다. 친구가 그 꿈을 기억하는지, 꿈을 활활 피우던 그때를 기억하는지.

강의를 가면 사람들이 묻는다. 차분히 목표를 향해 나아가는 길이 외롭지 않은지, 가까운 사람들이 믿어주는지, 설령 부모님이 믿어 주지 않아도 신경 쓰지 않을 수 있는지, 주위의 험담에 개의치 않고 꿋꿋할 수 있는지. 이런 질문을 받으면 이 말이 떠오른다. "세상의 모든 혁명은 위험을 무릅쓰고, 방해를 뿌리치고, 책임을 짊어졌던 영웅들에 의해 이루어졌다." 나는 힘에 부칠 때마다 이 말을 되새기며 자신을 격려한다. 하지만 친구들에게 이 말을 어떻게 전해야 할지 모르겠다. 뭔가 너무 거창해서 잘난 척처럼 느껴질까 봐 못 하겠다.

우리가 가는 길에 대해 모든 사람의 동의를 받긴 어렵다. 주변 사람 모두의 지지와 이해를 얻는 건 불가능하다. 그들은 자신들이 할 수 없는 일을 당신이 해낼 리 없다는 생각에 당신을 공격하고 지나칠 정도로 몰아붙인다. 사람들은 냉혹한 현실이 두렵고 조금이라도 더 빨리 앞서 가려고 삼삼오오 뭉치려고 한다. 하지만 타인의 지지와 격려를 받아야만 용기가 난다면 절대 멀리 갈 수 없다. 나는 대학 시절 98%의 시간을 혼자 보냈다. 혼자 일하고, 혼자 밥 먹고, 혼자 책 읽고, 혼자 수업 듣고 기숙사로 돌아왔다. 물론 내 방법이 꼭 옳다고는 할 수 없다. 따뜻한 우정이 결핍된 방법이니까. 평범한 사람과 성공한 사람이 걷는 길이 크게 다르진 않다. 유일한 차이는 고난과 역경 앞에서, 포기하고 돌아가 순응하며 사는지, 기를 쓰고 용감하게 밀고 나가는지에서 드러난다!

신념을 굳게 다지는 비결은 딱히 없다. 사실, 늘 당신보다 훨씬 일찍 일어나는 사람이 있음에도 자신이 낮에 일하고 밤에 수업을 듣고도 아침에 일찍 일어나는 것 자체가 대단하다고 믿는 것처럼, 사람마다 신념이 다르다. 또, 세상의 모든 일을 다 할 순 없지만, 적어도 자신이 할 수 있는 것을 알고, 해야 할 일을 정해야 한다.

어쨌든 길은 전부 미래로 통한다. 하지만 어디까지 가느냐가 중요하다. 어려움을 하나씩 극복하고 나중에 돌아보면, 당시에 세찬 비바람처럼 느껴졌던 문제가 그저 가랑비에 불과했다는 생각이 들 것이다. 하지만 그 가랑비를 맞으며 내면은 강해진다. 찬란한 빛을 마음껏 발산하고 싶어 하면서, 주변 반응을 하나하나 신경 쓰며 전전긍긍한다면, 영원히 그 모양 그 꼴일 수밖에 없다.

아무도 당신의 꿈을 이해해주지 않는다면, 당신이 과거에 입만 실컷 놀리고 행동하지 않아서일 수도 있다. 어쨌든 마음 깊은 곳에 진정한 꿈을 두고 전력을 다하면 충분하다. 어둠 속에서 혼자 꿈을 향해 달리는 사람은 외로워 보인다. 하지만 뛰다보면 훌륭한 사람들이 함께 뛰고 있다는 느낌을 받는다. 그리고 더는 고독하지 않다. 여러 사람이 각자의 꿈을 이루기 위해서 함께 전력 질주하고 있다.

세상에서 당신을 무조건 믿고 도와주는 사람은 없다. 가족과 친구들이 옆에서 힘껏 박수쳐야지만 꿈을 이룰 수 있다면, 그건 꿈이 아니라 허영심을 위해 쇼를 하는 것이다.

꿈을 꾸는 당신에게 남이 늘 쓸데없이 지껄인다면 어떡해야 할까? 매일 아침 잠에서 깰 무렵, 알람이 울릴 때, 벌떡 일어나는가. 아니면 뒤척이며 다시 잠이 드는가. 그것만으로도 당신이 꿈을 위해 노력하고 있는지 증명할 수 있다. 어쨌든 꿈은 고독이라는 시험을 치러야 한다. 예외는 없다.

남들 때문에 자신의 빛을 감추지 마라

광고 일을 하면서 밴드 기타리스트를 했던 친구가 있다. 우리는 졸업하고 1년 동안 늘 붙어 다녔다. 그 친구는 내 초라한 심장을 햇살처럼 비춰주었다. 조명이 무대 위의 친구를 비추면, 머리 위에 후광이 보였다. 흔들거리는 긴 머리와 몸을 보며, '아, 이런 게 진짜 젊음이구나.'라고 생각했다. 그리고 내가 촌뜨기처럼 느껴졌다. 그러다 서로 바빠지면서 연락이 뜸해졌다. 나중에 메신저를 보고 친구가 고향으로 돌아갔고 아이를 낳았다는 사실을 알았다. 친구가 베이징에 왔을 때, 나는 일부러 악기도 보고 커피도 마실 수 있는 곳을 약속 장소로 정했다.

친구는 만나자마자 1시간 반 동안 시어머니 험담을 늘어놓고, 물가가 비싸니, 사는 게 힘드니 같은 이야기를 거쳐 동네에서 이웃 남편과 바람을 피운 '세컨드'를 잡았다는 이야기로 끝을 맺었다. 네 잔째 밀크티를 들며 나는 친구에게 물었다. "아직도 기타 치니?" 그러자 친구는 멈칫했다가 갈색 파마머리를 흔들며 아무렇지 않다는 듯 대답했다. "언제 쳤는지 기억도 안 난다, 야. 애 키우느라 바쁘잖아. 치는 법도 가물가물 해." 순간 친구의 눈빛이 갑자기 슬퍼졌다. 친구가 말했다. 낮에는 출근하고 밤에 밴드활동을 할 때는 정말 신나게 살았다고 했다. 하지만 사장님은 친구가 본업에 소홀하다고 생각했다. 밴드 한다고 업무에 지장을 준 적이 없는데도 그랬고, 사장님의 그런 불신이 너무 괴로웠다고 했다. 또한 부모님의 압박도 심했다고 했다. "우리 집안에 딴따라는 없다. 내 속으로 낳았는데, 너를 모르겠니? 여자가 그러고 다녀서 어쩌려고? 여기 와서 짝이나 찾아라." 부모님의 말씀에 친구의 마음에는 그림자가 드리워졌고, 결국 짐을 싸서 고향으로 돌아갔다고 했다.

순간 나도 괴로웠다. 친구를 붙잡고 울고 싶을 만큼 괴로웠다. 나도 낮에는 일하고 밤에 글을 쓴다. 그러다 보니 취미 때문에 괴로운 일이 많아서, 공감됐다. 몇 년간 가족들 눈에 나는 영양가 하나 없는 일에 매달리는 사람이었고, 동료와 상사는 내가 일에 최선을 다하지 않나 보다며, 그래서 힘이 남아돌아 퇴근하고 다른 일을 한다고 생각했다. 나는 이런저런 말이 듣기 싫어서 취미를 잠시 접고 밤낮없이 일했다. 하지만 여전히 내게 붙은 이상한 꼬리표는 떨어지지 않았다. 기계처럼 일하지 않고, 고분고분 말을 듣지 않으면 주변 사람들에게 인정받기 힘들다. 하지만 정말 하고 싶은 일을 포기하고, 남의 눈에 말 잘 듣는 사람이 되자, 무기력해졌다. 그리고 흥분을 느끼거나 재미있는 일이 하나도 없는 것처럼 느껴졌다.

남이 나를 믿지 않는다는 느낌과 차가운 말이 주는 상처와 충격을 나는 잘 안다. 어느 회사의 대표님이 따뜻하게 "우리 회사로 와요. 뭘 하든 내가 믿어줄 테니."라고 말했을 때, 집에서 밤새 펑펑 울었다.

살면서, 특히 여자는 사회의 압박이나 자신감 부족으로 늘 남들 말 한마디에 상처받는다. 그리고 자신이 좋아하는 일, 열심히 노력해 쟁취한 전부를 포기한다. "열심히 할 필요 없다. 좋은 남자만 만나면 된다."라는 확고한 부모의 말을 듣거나, 동료와 사장님이 마음대로 꼬리표를 붙이고 괴롭히고 무시하거나, 여자는 현모양처 되는 게 최고라고, 여자가 능력 있으면 짝을 못 만난다는 충고를 들으면 특히 그렇다.

상큼하고 예뻤던 아가씨들이 사회생활을 시작하고 얼마 지나지 않아 어두운 얼굴을 하고 있는 모습을 보면 씁쓸하다. 그렇다고 내게 이 전쟁에서 이기는 방법을 묻는다면, 솔직히 나도 모른다. 나 역시 지금까지 투쟁하고 노력하면서 가까스로 내 꿈나무를 보호하고 있다. 나도 한밤중에 울어봤고 누군가의 말 때문에 숨이 안 쉬어질 정도로 화도 나 봤다. 그리고 회의를 느끼고 포기할 뻔한 적도 있다. 하지만 그때마다 사람들, 음악들, 장면들이 나를 일깨운다. '너 벌써 많이 왔어. 긴 시간 노력해 왔잖아. 절대 움츠리지 말고 예전에 네가 제일 싫어했던 모습으로 살지 마.'

청춘은 한번 시작하면 다시 멈출 수 없는 전쟁이다. 하지만 진짜 전쟁과 다른 점은 이기든 지든 상관없이 참전 자체에 의미가 있다는 거다. 전쟁이 인생에 뜨겁고, 격앙되고, 처참하고, 비통한 흔적을 남길 수 있다. 하지만 결과에 상관없이 굳은 용기와 의지만 있다면, 자신을 한 사람으로 대한다면, 자신만의 빛을 발산할 수 있다. 두려워하거나 뒤돌아보지 마라. 남들의 생각 때문에 당신의 빛을 가리지 마라. 젊음을 놓치지 마라.

그날 오후 그 가게에서 친구에게 기타를 건네주었다. 그러자 친구가 자세를 잡고 우리가 알던 노래들을 연주했다. 기타 소리와 함께 우리의 감정도 고조되었다. 지금은 긴 생머리가 아니지만, 내 초라한 심장을 비추던 빛이 친구 곁으로 돌아온 듯한 기분이 들었다.

친구의 깔깔거리는 웃음소리가 사방으로 퍼졌다. 친구는 눈을 밝게 빛내며 흥에 겨운 듯 미친 듯이 몸을 흔들었다. 그리고 친구의 엉클어진 머리카락이 나무처럼 바람에 자유롭게 흔들거리고 있었다.

도시살이와 고향살이, 당신의 선택은?

예전에 함께 살았던 스물두 살짜리 룸메이트가 물었다. "졸업한 지 네 달쯤 됐어요. 지금 회사도 괜찮은 편이에요. 그런데 베이징의 회사에서는 매일 야근을 해야 해서 일과 삶의 균형을 찾기가 힘들어요. 예전에 아빠가 고향으로 돌아오라고 하신 적이 있었는데 그때는 듣는 척도 안 했어요. 근데 이제는 그런 안정적인 삶이 괜찮겠다는 생각이 들기도 해요. 이런 생각, 해본 적 있어요?"

그 말에 내 스물두 살 때를 떠올려 봤다. 졸업할 때는 하고 싶은 것들이 정말 많았다. 대부분 돈에 관한 것이었지만. 엄마랑 여기저기 여행 다녀야지. 돈 아낀다고 꼭두새벽이나 한밤중에 타야 하는 비행기를 타거나 싼 호텔에서 자지 않을 거야. 엄마가 사고 싶어 하는 건 다 사주고 부잣집 사모님 같이 우아하게 살도록 해줘야지. 엄마가 필요하다고 하면 척하고 신용카드를 꺼낼 수 있는 그런 날이 왔으면 좋겠어. 돈만 밝히는 속물처럼 보여도 어쩔 수 없다. 어쨌든 그때는 이게 내 목표였고 삶의 원동력이었다.

지난 4년 반 동안 월급은 적지만 여러 가지를 배울 수 있는 회사에서 일하며 성장했다. 그리고 일 외에 글도 쓰고 개인적으로 돈도 조금 벌면서 경험을 쌓아가고 있다. 물론 시간도 많이 들고 지칠 때도 있다. 하지만 내가 강해지고 향상되는 그런 느낌이 내 안에 깊게 각인되었다.

회사 동료와 함께 고생했던 시절이 기억난다. 말단 사원이라 매달 달랑 3,000위안밖에 못 받았지만 야근은 일상다반사였다. 점심시간이 되면 선배들과 밥 먹으러 갈 엄두가 안 났다. 더치페이하며 한 끼에 30~50위안씩 낼 형편이 아니었다. 그래서 11시 50분이 되면 화장실에 가는 척 몰래 빠져나와 회사에서 꽤 멀리 떨어진 좁은 골목에서 10위안짜리 국수를 사먹곤 했다. 사무실이 톈안먼 근처의 호화 쇼핑몰 안에 있어서, 아주 가끔 맥도날드의 15위안짜리 런치세트를 먹기도 했다. 선배들은 이런 우리가 사람들과 잘 섞이지 않고 너무 튄다고 생각했겠지만 차마 이유를 밝힐 수는 없었다.

섬머는 상하이에서 만난 친구다. 88년생이고 나처럼 한부모 가정 출신이다. 굳이 나보다 어려운 점을 꼽자면 친척들과 사이가 나쁘다는 것 정도. 처음 만났을 때, 상하이의 모 광고회사에서 가장 말단인 홍보 담당 AE로 일하고 있었다. 월급도 적고(3,000위안) 퇴근시간은 늘 밤 12시였다. 원래 섬머를 설득해 부업을 같이 해보려고 했는데 주말도 없이 바쁜 모습을 보고 생각을 접었다. 그리고 나는 뭘 그렇게 아등바등 사냐고 물어봤다. 그러자 섬머가 말했다. "엄마 기 좀 살려주려고! 너무 여려서 사람들에게 괴롭힘을 자주 당해. 내가 강해져야 엄마를 지키지." 섬머는 책임감이 강하고 성실하다. 승진과 연봉인상, 이직을 위한 모든 노력이 엄마가 돈 없다고 무시당하는 게 싫어서였다.

섬머가 제일 처음 이직하고 이사를 했던 때가 생각난다. 1,000위안이면 빌릴 수 있는 집에서 살려고 상하이 근교로 옮겼다. 집 안은 텅텅 비어 있었고, 중고가구를 하나씩 사서 집을 채워나갔다. 오늘은 소파, 내일은 매트리스, 이런 식이었다. 그리고 집이 얼추 갖춰진 뒤, 직접 차린 밥상 사진을 찍어 내게 보냈다.

상하이에서 재회했을 때, 사회생활 4년 차의 섬머는 성숙하고 자신감 넘쳐 보였다. 메신저로 대화할 때 느껴졌던 우울한 기색은 보이지 않았고 미소 짓고 있었다. 어머니 안부를 묻자, 상하이에 자주 오신다고 했다. 그리고 답답하실까 봐 아이패드를 사드렸다고 했다. 또 섬머 자신이 두 모녀를 괴롭히던 친척들에게 당당히 맞서 싸울 수 있게 됐다고도 했다. 그 사이 회사를 옮기고 월급이 두 배로 올랐고 새 집으로 이사를 했다고 했다. 좀 비싸기는 하지만 만족한다고 했다.

나는 섬머의 한결같은 노력에 감탄했다. 환하게 웃으며 삶의 행복을 즐기고, 화려한 도시 상하이에서 자신만의 집을 소유하고, 고생 끝에 마침내 엄마를 보호할 수 있게 된 섬머에게 진심으로 감동했다.

매일 지하철 인파 속에서, 지치고 피곤한 눈을 한 젊은이들을 보면서 생각하곤 한다. 이들 중에서 마지막에 승리할 사람은 누구일까? 둥지에서 높이 날아올라 봉황이 될 사람은 누구일까? 우리는 대학을 졸업하면서 금자탑 꼭대기의 '주위의 작은 산들을 내려다보는 정상'을 꿈꿨다. 우리 중 여기에 힘들게 오르다 포기하는 사람은 얼마나 될까? 미끄러지는 사람은 얼마나 될까? 역경을 딛고 정상에 오르는 영광을 누릴 사람은 얼마나 될까? 그리고 마침내 도착한 정상에서 자신이 바라던 행복을 찾을 수 있을까?

내게 편지를 보내는 사람들은 직장에서 겪는 어려움, 선택의 불안함, 이해해주지 않는 부모님, 솔로의 고독과 슬픔을 이야기하거나 도시에서 고군분투할지, 고향으로 돌아갈지에 대한 고민을 토로한다. 사실 고생스러운 도시살이를 할지 편안한 고향살이를 할지는 개인의 선택 문제다. 무엇이 좋고 나쁘고 혹은 옳고 그르다고 말할 수 있는 문제가 아니다. 사람마다 자신에게 맞는 삶의 방식을 선택할 자유가 있다. 하지만 어떤 길을 선택했든 자신만의 이유가 있어야 한다. 아무도 신경 쓰지 않는 아주 사소한 이유라고 하더라도 그 길 끝까지 가져가야 한다.

한결같아야만 성공할 수 있다. 중간에 포기하면 처음에 가졌던 꿈을 영원히 현실로 만들 수 없다. 졸업하고 치열한 경쟁 사회에 들어선 젊은이들은 이런저런 압박과 충격을 겪는다. 이렇게 성장통을 앓으며 자신을 강하게 만들어야 한다. 그리고 성장통을 극복해야만 날아오를 날이 온다.

그동안 내가 들인 노력들이 조금 뜬금없지 않나 하는 생각이 들었다. 하지만 섬머는 내게 압박에 굴하지 않고 노력하면 꿈을 이룰 수 있다는 것을 보여주었다. 그렇다고 무조건 도시에 남아 고생도 해보고 상처도 받아보라고 권하는 건 아니다. 그저 자신이 선택한 길에서 포기하지 않고 앞으로 나아가라고 말하고 싶다!

노력 없는 벼락 성공은 거품일 뿐이다

밤 11시 반, 택시 문이 열리는 순간 라디오에서 부드러운 피아노 선율이 흘러나왔다. 차에 몸을 싣고 잔뜩 웅크리고 잠이 들었다. 하지만 머릿속은 온통 자판 두드리는 소리와 글자들이 튀어 오르는 소리뿐이었다.

또 11시 반에 퇴근하던 어느 날, 택시와 화려한 불빛이 옆을 지나쳐갔다. 이따금 눈을 떠서 위치를 확인하고, 다시 눈을 감은 채 방송을 들으며 생각에 빠졌다. 언제부터 이렇게 규칙적으로 바빠졌는지 생각했다. 그리고 갓 졸업했던 때가 떠올랐다.

가위를 들고 신문 클리핑을 했다. 예쁘고 완벽하게 하고 싶었다. 고객에게 전화를 걸어 어떤 스타일로 할까 물었고 어떻게 하면 더 예쁘게 보일까 함께 고민했다. 접은 부분을 꾹 눌러 깔끔하게 정리하고 울퉁불퉁한 끄트머리를 오려냈다. 그리고 한 장씩 차

곡차곡 파일철에 정리했더니 깔끔하고 예쁜 책 한 권이 되었다. 언제부터 그런 소소한 일을 좋아했는지 모르겠다. 그런데 소소한 일일수록 더 완벽하게 하고 싶었다.

친구 춘춘은 인턴 시절, 직급 높은 직원이 하는 업무를 한다고 뿌듯해 했다. 그리고 자신이 회사에 남을 수 있을 거라고 생각했다. 하지만 나는 업무에 직급이 있다고 생각하지 않는다. 나는 인턴 시작 첫 날부터 신문기사와 분기 영어 보고서를 썼다. 그런데 지금은 매일 택배를 보내고 언론사에 자료를 찾아준다. 뭔가 거꾸로 된 걸까? 그럼 난 사소한 일을 하니까 중요한 사람이 아닌 걸까? 아니다. 업무에는 직급이 없다. 직급이 낮다고 해서 꼭 도시락이나 날라야 한다는 법은 없다. 직급이 높다고 해서 거만하게 업무를 지시해야만 하는 것도 아니다. 예전에 꽤 높은 직급 중 대부분은 다른 분야에서 굴러들어온 사람들이라는 글을 본 적 있다. 그래서 밑에 직원이 실수하거나 무슨 문제가 생기면 같이 당황하고 어쩔 줄 몰라 한다고 했다.

그 글을 본 뒤, 밑바닥에서부터 배운 사소한 일을 여러 번 반복하고 자기 것으로 만들어야 한다고 깨달았다. 사소하기 짝이 없는 일이라도 확실히 하면 일이 돌아가는 흐름을 분명히 알게 된다. 그러면 정신없이 뛰어다니지 않고, 차근차근 천천히 안정적으로 성장할 수 있다. 그래서 나는 사소한 일을 할 기회를 절대 마다하지 않았다.

사소한 일이 피곤하고 귀찮아도 최소한 한 번이라도 해보았다. 클리핑도 그랬다. 며칠 전만 해도 어떻게 만들어야 하나 고민이 많았다. 흰 종이 위에 붙일까, 벽 위에 붙일까, 별의별 생각을 다 했다. 하지만 오늘 깨달았다. 아, 책으로 만들면 되겠네. 물론 선배에게 물어볼 수도 있다. 하지만 스스로 방법을 생각해서 해결하면 더 뿌듯하고, 완벽히 처리했다는 느낌이 든다. 그래서 내게 어떻게 하면 영어를 잘하는지, 신문기사를 잘 쓰는지, 상사와 소통을 잘하는지 물어보면, 대답하기가 싫다. 내게 흔한 문제를 물어보는 게 싫다. 아무 생각도 안 해보고 묻기 때문이다. 내가 답을 말해 줘도, 당신은 며칠 지나지 않아 잊어버리고 다른 사람에게 또 물을 거다. 당신의 작은 머릿속에는 그 문제에 대한 아무런 흔적도 없다. 수학문제를 선생님과 풀면 쉬운데 혼자 해보라고 하면 못 푸는 것과 비슷하다.

밤 10시까지 일하는데, 함께 사는 룸메이트가 몇 시에 집에 오느냐고 물었다. 그래서 나는 아마 많이 늦을 것 같다고, 중요한 신문기사를 수정하고 있다고 대답했다. 나는 속도가 아주 느리다. 1,000자 정도 되는 기사를 한 글자 한 글자 빠짐없이 정확할 때까지 퇴고한다. 2,000자에 사진까지 잔뜩 넣은 신문기사와 감성이 흘러넘치는 글을 쓰는 것은 습관이 되었다. 그래서 1,000자는 더 열심히 봐서 완벽하게 쓰자고 생각한다. 글자가 튀어 오르는 소리가 들린다. 한 글자 한 글자 자판 위에서 튀어 올라 화면에 걸린다. 그리고 썼다가 지우고 또 쓰고 지운다. 그 짧은 문장을 보면서 글을 정교하게 다듬는 건 조각가가 아름다운 조각을 완성하는 것과 비슷하다고 생각했다. 그 글은 음악을 틀어 놓고 소리 내서 읽어야 내가 전달하고 싶었던 바를 느낄 수 있을 것 같았다.

룸메이트가 말했다. "아무 노력 없이 온 벼락 성공은 기적이래. 원래 벼락 성공은 수많은 낮과 밤의 결과물이라고 하더니. 정말 그런가 봐."

나는 이 말에 살짝 감동했다. 나는 벼락 성공을 하지도 않았고 바라지도 않는다. 다만 노력이란 조금씩 조금씩 오랫동안 해야 하는 거라고 생각했다. 주위에는 벼락 성공을 한 사람도 많고 운이 좋은 사람도 많다. 예를 들어 어떤 사람이 아무 생각 없이 취업 막차를 겨우 타고 직장에 들어갔다. 그런데 당신이 목숨 걸고 열심히 해서 들어간 회사보다 돈도 더 많이 주고 편하다. 또 어떤 사람은 매일 먹고 마시고 노는 게 일인데, 당신은 아침부터 밤까지 정신없이 일하느라 따뜻한 밥 한 끼 제대로 못 먹는다. 지금은 억울하겠지만 위로가 될 이야기를 하나 해줄까?

내가 14개월의 인턴 생활을 거쳐 정규직으로 전환되었을 때, 기숙사 옆방에 살던 친구는 여행에서 막 돌아와 새로 생긴 회사에 입사했다. 그리고 힘들 것 하나 없이 편한 교육에 들어갔다. 게다가 중간에 걸핏하면 휴가를 내주기도 했다. 내가 정규직 전환 후 생산설비를 관리하고 데이터를 만드느라 머리가 지끈거릴 때, 친구는 매일 인터넷에 먹고 노는 생활을 자랑했다. 그런데 지금 나는 내 생각을 자유롭게 표현하며 살지만, 그 친구는 매일 내게 회사를 옮기고 싶다고 툴툴거린다. 돈은 부족한데, 바빠서 투잡할 시간이 없단다. 또 투자해 주는 사람이 없어서 대단한 사업을 못 한단다. 그래서 유명해질 수 없고, 돈을 더 많이 벌 수 없다며 사는 게 악순환의 반복이라고 투덜댄다. 뭐라 할 말이 없기도 했지만, 아무 말도 하면 안 될 것 같았다.

삶은 뿌린 대로 거둔다. 성공은 한 땀 한 땀 이어가는 것이지, 여기저기 밧줄을 던져 잡아 올리는 게 아니다. 아무 노력 없이 온 벼락 성공은 기적일 뿐이다. 사실, 벼락 성공은 수많은 낮과 밤의 결과라고 믿는다.

하나의 꿈을 향해 나아가는 법

샤오옌은 시각장애인 안마사다. 나는 주말마다 샤오옌에게 지친 어깨와 목을 맡긴다. 안마실에 손님이 나밖에 없던 어느 날 우리는 이야기를 나눴다.

내가 물었다. "안마 잘하는 아들을 둬서 부모님이 좋아하시겠어요."

"어머니 못 본 지 21년 됐어요."

나는 말문이 막혀서 잠시 망설였다.

"제가 태어나자마자 어머니는 집을 나가셨어요. 저는 눈이 안 보였고, 아버지는 농아인 데다 할머니는 심각한 고혈압이었거든요. 완벽한 가정이면 좋겠지만, 안 되는 걸 어쩌겠어요."

"안마는 어떻게 배웠어요?" 내가 물었다.

"초등학교를 마치고 중의약방에서 중국의학을 배웠어요. 그런데 시각장애인한테는 아무래도 안마가 먹고살기 좋잖아요. 하지만 그때 저는 안마를 할 줄도 모르고 경험도 없었어요. 그래서 시각장애인학교에서 3년 동안 물리치료 안마를 배웠어요. 단순한 보건 안마는 두 달이면 다 배우는데, 물리치료 안마는 조금 어려워요. 3년은 배워야 근육을 정확하게 짚을 수 있거든요. 그래서 물리치료 안마를 선택한 거예요. 다 배우고 나서 여러 도시를 돌아다녔죠."

솔직히 눈도 안 보이는 사람이 어떻게 전국 각지를 돌아다녔는지 궁금했지만, 실례가 될까 봐 묻지 않았다.

"그럼 베이징에 자리 잡기도 쉽지 않았겠네요." 대신 나는 다른 할 말을 찾아서 물었다.

"베이징도 어쨌든 도시일 뿐이잖아요. 어려울 게 뭐 있어요. 여기저기 돌아다녔지만, 도시가 어떤 모습인지는 보지 못했어요. 그냥 식구들 먹여 살리려면 돈을 벌어야 한다는 것만 생각했죠. 아버지랑 할머니가 집에서 제가 돈 부치기만 기다리시거든요. 저는 잘 안 웃어요. 어릴 때부터 괴팍해서 저한테 말 거는 사람이 없었어요. 그러면서 웃지 않게 됐어요. 21년간 살면서 딱 일곱 번 웃었어요. 웃게 해준 사람이 별로 없었거든요. 그래도 힘들다고 생각 안 해요. 신이 제 눈이라는 창문을 하나 닫으셨으니까 다른 문을 열어 주실 거라고 믿었어요. 그 문이 바로 안마예요."

나는 무슨 말을 해야 할지 몰랐다. 가여워 보이는 시각장애인이 해주는 이야기를 말없이 듣는 수밖에 없었다. 아무 말도 나오지 않았다. 눈이 안 보이는 샤오옌도 자신의 꿈을 위해서 열심히 공부하고, 가혹할 정도로 자신을 단련했는데, 우리는 왜 늘 자기만 불행하다며 신세 한탄을 하는 걸까?

하는 일이 싫고, 스트레스를 많이 받는다면서도, 하고 싶은 일은 경험이 없어서 어떻게 해야 할지 모르겠다고 한탄하는 메일을 자주 받는다.

사실 처음부터 좋아하는 일을 하는 사람은 없다. 모두 좌충우돌하며 자신의 방향을 찾아간다. 못하지만 흥미가 있다면 배워야 한다. 3, 4년이 대수인가. 눈이 안 보이는 사람도 3년을 투자하고 소박한 꿈을 향해 가는데, 우리는 왜 못할까?

대학 4학년 때, 우리는 컨설팅, 투자은행, 금융, PR 등과 같은 단어에 현혹됐었다. 잘난 사람이 몰려있다는 이유로 화려한 글자만을 보았다. 여기저기 잘 다니고, 멋있고 우아한 삶을 사는 모습, 우리가 바라마지 않는 전부를 가진 잘난 이들의 외면만 본다. 하지만 그들의 이면에 숨겨진 이야기는 알지 못한다. 정말로 행복한지, 그 일이 그들의 꿈인지, 지금 걷고 있는 길이 힘든지, 전혀 모른다. 그래서 그들처럼 살기 위해 정상만을 바라보며 이를 악물고 올라간다. 남들보다 좋은 차, 남들보다 큰 집, 남들보다 화려한 삶을 갈망하면서. 하지만 인생이 바람과는 반대로 흘러가면서 지쳐버린다. 일만 있고, 자신의 삶이 없다. 나이 들면 어쩌나 걱정하고, 걷고 있는 이 길이 자신에게 맞는 길인지 의심이 든다. 과거에 꿈꿨던 멋지고 우아한 삶 뒤에 어떤 고충이 있는지 이제는 분명히 알았다.

그래서 자신의 마음을 찾기 시작한다. 인터넷에서 끝내주게 예쁜 이케아 모델 하우스의 설계도를 미친 듯이 공유하고, 마음을 적셔주는 감동적인 동영상을 퍼 나른다. 인터넷에 아무 생각 없이 올린, 한담이나 늘어놓은 글이 똑같이 머리 빈 사람들에게 극찬을 받는다. 기타를 튕기며 목소리를 가다듬고 소리를 지르며 답답한 마음을 푼다.

그러면서 '내가 설계를 좋아하는구나, 음악에 소질이 있구나, 영화를 찍을 수 있겠구나, 문학적인 감각이 있구나'라고 생각한다. 그렇게 새로운 것이 간절해지고 하는 일이 자신과 맞지 않는다는 생각이 더 심해진다. 자신이 원하는 분야로 가면, 날개 단 듯이 한 번에 최고의 자리에 올라설 수 있다고 착각한다.

하지만 설계사가 되려면 미술 쪽 내공이 있어야 한다. 최소 몇 년간 공부에 매진해야 하고, 아이디어가 번뜩이는 창의성도 있어야 한다. 또한, 음악을 하려면 가창력이 뛰어나거나 자신만의 독특한 매력이 있어야 한다. 문학을 하려면, 매일 수준 있는 글을 한

편씩 써봐야 한다. 가벼운 글만 쓰다 보면, 기껏해야 청춘 잡지에 나 실릴 거다. 그런 글은 버릴 힘조차 아까울 글로 남을 수도 있다. 이런 현실을 들으면 우리는 다시 두려워진다. 열심히 할 마음의 준비를 하지 않았기 때문이다. 여전히 숨겨진 땀과 노력은 보지 않고 정상의 화려함만을 바라본다. 평생 한 꿈만을 좇을 준비를 하지 않고 방황에 빠진다.

우리는 취미와 꿈을 명확하게 구분하지 못 한다.

샤오옌의 꿈은 안마사였다. 그래서 3년이라는 시간을 들여 성실하고 차분하게 공부했다. 고생을 마다하지 않고 전국 각지를 다니며 실습한 끝에, 환경이 괜찮은 곳에서 안마할 수 있게 되었다. 샤오옌은 꿋꿋한 의지와 끝없는 노력으로 꿈을 이뤘다.

대만의 톱 여가수 차이이린은 힘들어 울면서도 기절할 정도로 연습했기 때문에 무대에서 압도적인 퍼포먼스를 펼쳐 사람들을 사로잡는다. 올림픽 금메달리스트 궈징징은 어릴 때부터 십몇 년 동안 매일 백 번씩 다이빙했기 때문에 다이빙의 여황제 푸밍샤의 기록을 깨는 영광을 거두었다. 빌게이츠는 평생 컴퓨터 프로그램을 연구했기 때문에 전 세계를 휩쓴 윈도우를 개발했다.

지금 하는 일이든, 설계, 음악, 문학, 영화 관련된 일이든 다 상관없다. 그게 꿈이라면, 새 도면을 펼치고 연필을 잘 깎아놓길 바란다. 간단한 악보를 펴서 음표를 읽어보길 바란다. 그게 꿈이라면, 마음을 가다듬고 끝까지 흔들리지 않고 용감하게 전진하길 바란다. 그게 꿈이라면, 평생을 들여 그 꿈에 도전하길 바란다. 그게 꿈이라면, 10년, 20년, 평생을 바쳐야 승리할 수 있다는 사실을 굳게 믿어야 한다. 행동에 옮기지 않으면, 꿈은 영원히 손이 닿지 않는 저 높은 곳에만 존재한다.

안마가 끝난 뒤 샤오옌에게 말했다. "감사합니다. 정말 대단해요. 저보다 훨씬 강한 사람 같아요. 오늘 많이 배웠습니다."

"이렇게 진심 어린 칭찬은 처음이에요." 샤오옌이 쑥스럽게 웃었다. 순간 멍해졌지만 속으로 생각했다.

'오늘 여덟 번째로 웃었네요.'

기회들이 잠에서 깬 것처럼

유럽에서 중국어를 가르치고 있는 키키가 메일을 보냈다. 3년 동안 중국어를 가르치고 꿈에 그리던 절호의 기회를 여러 번 얻었다고 했다. 예전에는 경력이 짧아서, 좋은 기회가 보여도 침만 흘리던 처지였다. 하지만 어려움을 극복하며 버텨낸 3년째에 기회들이 잠에서 깬 것 마냥 줄을 서있다고 했다.

키키는 무슨 일을 하든, 어디에서 일하든 가능성은 언제나 있다고 말했다. 그러니 샛길이든 본길이든 열심히 걸어가는 게 중요하다고 했다.

성실하게 한 가지 일에 전념하는 것은 물론 어렵다. 특히 어려움에 직면했을 때는 더욱더. 나 자신도 그렇다. 인턴에서 정직원이 되어 PR 분야에서 몇 년간 일해 왔다. 그 과정이 순조롭지만은 않았다. 너무 힘들어서 못 해 먹겠다고 그만두리라 굳게 다짐했던 적도 있었다. 그즈음엔 매일 보고서를 쓰느라 속이 울렁거릴 정도였다. 한 번은 연이어 몇 개의 신문 기사를 쓴 적이 있었는데, 마지막에는 컴퓨터 화면만 보면 토가 나올 정도였다. 이렇게 매일 엄청난 스트레스를 느끼며 늦게까지 야근을 했다.

하지만 이것도 할 수 있게 되고, 저것도 처리할 수 있게 되고, 회사에 다니지 않았으면 전혀 알 수 없었던 사람들을 만나고, 능력 있는 선배들이 멋지게 처리한 사례를 볼 때마다 자신을 설득했다. 견디자, 조금만 더 견디자. 이렇게 그냥 포기하면 너무 아깝잖아. 지금은 가끔 친구에게 의견을 말해주고 같이 방안을 생각하거나 글을 쓰면, 어쩜 그리 전문적이고 정확하냐는 칭찬이 돌아온다. 물론 힘들고 괴롭고 스트레스 때문에 잠도 잘 못 자지만, 가만히 생각해보면 이 몇 년 동안의 훈련 덕에 크게 성장했다. 아무것도 모르고 옷도 대충 입고 생각 없이 말하던 천둥벌거숭이가 똑부러지게 일하고 그럴듯하게 말을 하는 직장인이 되었다.

친구 한 명은 밥 먹듯이 직장을 옮긴다. 반년에 한 번씩 갈아치우는데, 이유가 그 일을 좋아하지 않아서란다. 결국 여기저기 전전했지만 업무 내용은 크게 차이가 없었다. 결론적으로 항상 좋아하지 않는 일을 하는 거였다. 나는 아무 말도 하지 않았지만 친구가 걱정되었다.

일을 막 시작했을 때는, 일이 다 단순해 보였고 그리 어렵지 않다고 생각했다. 그래서 내 능력이 아깝다고 생각했다. 그렇게 많은 돈과 시간을 들여서 이것저것 배우고, 학력, 배경, 영어 실력까지 모자라는 점 하나 없는 내가, 결국 외국기업까지 와서 택배나 보내고, 표나 만들고, 숫자나 세고 있다니. 그때는 남들과 마찬가지로 회사를 그만두고 사업을 하든가, 사람을 모아서 프로젝트를 해야겠다고 생각했다.

구직활동을 할 때 이력서를 총 3통 냈는데, 백발백중 합격했다. 그리고 하나씩 옮겨 다녔다. 첫 회사에서는 두 달 내내 표를 만들고, 전화를 받았다. 두 번째 회사에선 다섯 달 내내 표를 만들고, 전화를 받고, PPT를 만들었다. 그렇게 7개월 동안 외국 기업에서 경력을 쌓았으니, 세 번째 회사에 가면 뭔가 수준 높은 일을 할 수 있을 거라고 생각했다. 하지만 뭐 하나 제대로 하는 게 없다는 사실을 깨달았다. 동료와 밥을 먹으면, 무슨 말을 해야 할지 막막해 고개를 숙인 채, 묵묵히 밥만 먹었다. 언론사와 일할 때도 무슨 말을 해야 할지 몰라서 눈만 끔뻑끔뻑거리며 가만히 듣기만 했다. 싸워도 핵심을 못 짚고, 논거까지 까먹어서 논리라곤 전혀 찾아볼 수 없었다.

처음부터 다시 시작해야지만 열등감으로 가득 찬 마음을 조금 진정시킬 수 있을 것 같았다. 그래서 또 표를 그리고, PPT를 만들었다. 그리고 6개월 후에야 정규직으로 전환돼서 프로젝트를 맡았다.

세월이 흐르고 오래 버티면, 자신이 잘할 수 있고 특별한 일이 알아서 찾아온다. 그렇게 기회가 여기저기 놓여 있다.

내 능력을 더 넓고 깊은 분야로 확대시킬 수 있게 되었을 때, 스스로 부족한 점이 많다고 깨닫고 공부하고 싶다는 욕망이 강해졌다. 이렇게 자신의 부족함을 깨닫고, 무의식적으로 더 멀리까지 침착하게 걸어가, 더 많은 기회를 잡고, 무한한 가능성을 만나는 느낌이 좋다.

지금도 자신을 비우고 배우는 느낌을 즐긴다. 그리고 더 넓은 세상으로 나아가길 갈망한다. 몇 년 동안의 고된 훈련과 성장이 있었기에 가능한 일이다. 내가 모르는 미래를 위해서, 마음속에 우뚝 서서 사라지지 않는 이상을 위해서, 최선을 다해 걸어갈 수 있기를 바란다.

잘난 세상의 벽 앞에 주눅들지 마라

쇼핑몰 푸드코트에서 밥을 먹고 나온 참이었다. 표정이 침울한 남자 두 명이 고개를 푹 숙이고 손을 비비며 쇼핑몰 입구 야외계단에 앉아 있었다. 얼굴은 보이지 않았지만 둘 다 말이 없어 보였다. 그리고 그 앞에 한 스물다섯 살 정도 먹은 여자가 서 있었는데 가까이 가야만 들을 수 있는 목소리로 다다다다 말을 쏟아내고 있었다. 옷을 보니 쇼핑몰 직원인데, 그 남자들의 상사인 것 같았다. 서투른 부하 직원들을 훈계하는 모양이었다. 네온사인 가득한 도로 위에 차들이 줄지어 있었고, 도로 양옆으로 고층빌딩이 빽빽했다. 철근 콘크리트 빌딩들이 냉정하게 도시의 현실을 일러주는 듯했다. 네 상처와 눈물에 전혀 개의치 않는다고.

보고 싶지 않아서 고개를 돌렸다. 마음이 살짝 아렸다. 이 도시에서 꿈을 안고 실패와 굴욕 속에서 발버둥 치며 울고 있는 청춘들이 떠올랐다. 추측건대, 그 여자는 이렇게 말했을 것이다. 어떻게 어떻게 해야지만 세상에 인정받을 날이 올 거다. 지금처럼 하면 절대 안 된다! 아마 그 남자들은 자책하고 불안해할 거다. 이 도시에 품었던 동경과 환상을 어떻게 현실로 만들까, 막막해졌을 거다. 앞으로 계속 가야 할까, 암담해졌을 거다. 이 도시에는 화려한 삶과 감동적인 성공 스토리도 많다. 하지만 이는 하루아침에 이룰 수 있는 게 아니다. 그렇다면 우리처럼 꿈과 동경 말고는 가진 게 없는 청춘들은 어떻게 꿈을 이뤄야 할까?

예전에 친구가 첫 출근을 했다며 문자를 보냈다. 회사 어느 구석에 숨어 밥을 먹고 있다고 했다. 사람들과 어색해서 같이 밥 먹으러 가자고 말할 엄두가 안 났다고 했다. 그래서 내 생각이 났나 보다. 그 장면을 떠올려 보았다. 친구는 긴장한 채 한 손엔 숟가락을 들고 입으로 밥을 밀어 넣으며 한 손으로는 내게 문자를 보냈을 것이다. 그리고 그 순간의 고독을 견디기 위해 내 답장을 기다렸을 것이다. 그런데 유감스럽지만 나는 친구의 두려운 마음을 달래주기 위해 장문의 문자를 보내지 않았다. 마음이 아파서 아무 말도 쓸 수가 없었다. 내 인턴 첫날이 생각났다.

퇴근할 때, 상사가 나를 제외한 모든 부서 사람들에게 말했다. "나머지는 인턴에게 맡기고, 다들 우리 집에 가서 축구 경기 보는 거 어때?" 그러고는 우르르 나갔다. 그날 밤 10시쯤, 홀로 36층 창문 앞에 서 있었다. 창밖에는 헬리캠으로 찍은 듯한 베이징 중심 업무지구 CBD의 야경이 펼쳐져 있었다. 하지만 이 화려한 건물 안에 사람을 짜증나게 하는 표를 만드느라 밥도 못 먹고 있는 여자가 있다는 사실은 아무도 모르리라.

그때 다른 부서 인턴이 다다다 뛰어와서 물었다. "뭐 좀 먹었니? 엄마가 점심에 먹으라고 준 채소 찐빵이 있는데, 먹을래?" 내가 고개를 끄덕이자, 전자레인지가 있는 쪽으로 다다다 뛰어가서 빵을 데워왔다. "막 맛있지는 않아. 그냥 흔한 채소 찐빵이야." 건네받은 빵을 한 입씩 먹었고, 그녀가 내 앞에 서서 웃고 있었다. 사무실에 남아 있는 우리 둘의 신세가 어쩜 그리 처량한지, 서로를 꼭 안아 주고 싶었다.

눈 깜짝할 새 몇 년이 흘렀고, 아직도 이 도시에서 그럭저럭 잘 살아가고 있다. 밤에 창문 커튼을 열자 건너편 건물의 불빛이 보였다. 저 불 켜진 창문 뒤에 자신을 끊임없이 다독여야만 견딜 수 있는 젊은이가 있지 않을까. 예전의 나처럼 낮에는 바짝 긴장해서 조심조심 일하고, 밤에는 무방비 상태로 아이처럼 잠이 들고, 일어나면 힘내자고 다짐하고, 자는 동안에도 머릿속에 온통 표가 가득하진 않을까. 이런 생각을 하면 이 도시가 외롭게, 정말 고독하게 느껴진다.

번화해 보이는 도시일수록 더 고독하다. 화려함 뒤에 가려진 고독한 영혼들이 많다. 창문들이 서로 가까워지기 싫다는 듯 차갑게 보였다. 가까우면 서로 따뜻해지고 그 따뜻함으로 마음의 위로를 받겠지만, 그러면 쉽게 전투력과 용기를 잃을 수도 있으니까. 의존은 투지를 불 태워야 할 길에 걸림돌이 되니까.

이 도시에는 잘난 사람이 왜 그리도 많은지. 존경하고 흠모할 만한 사람이 넘쳐난다. 늘 그들의 잘난 면이 부럽고 자신이 부끄럽게 느껴진다. 어디서 어떻게 시작해야 할지도 모르는 자신이 부끄럽고 하찮게 느껴진다. 그래서 밤에 이불에 얼굴을 묻고 운다. 샤워하면서 흐르는 물에 눈물을 흘려보내기도 한다. 우리 모두 미래에 두려움을 느낀다. 앞으로 닥쳐올 변화에 공황상태에 빠질 수도 있다. 무엇을 잃을지는 알지만 무엇을 얻을지는 모르기 때문이다. 콘크리트 건물처럼 단단하지 못한 우리는 도시의 새벽 앞에서 똑같이 연약하다. 그나마 다행은 상처를 치료할 밤이 있다는 사실이다.

"스스로 강해지자. 누군가의 어깨는 필요 없다. 누군가의 품에 기댈 수 없다. 세상이 아무리 숨 막히고 바쁘게 돌아가더라도, 고독한 시간에 나를 위해 박수를 쳐주자."

맞은편 건물에 또 불이 켜졌다. 고독하고 불안한 사람들이여, 자신에게 힘내라고 말해보자.

"언젠가는 나도 괜찮아질 거야!"

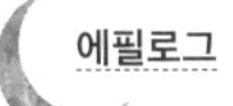

에필로그

10년 뒤,
당신은 어떤 사람이 되어 있을까?

막 사회생활을 시작했을 때 나는, 앞뒤 모르고 아무 생각이 없는 사람이었다. 엄숙하기 그지없는 컨설팅 회사에 겁도 없이 알록달록한 옷을 입고 출근하고, 테라스에서 동료들과 큰소리로 떠들고 거칠 것 없다는 듯이 웃었다. 그때, 내 뒤에 4년차 선배가 앉아 있었다. 전문적이고 예쁘고 지성이 넘치고 쿨해 보였다. 나도 4년 뒤에 저렇게 될 수 있을까? 4년 뒤면 스스럼없이 가고 싶은 식당에 가고, 길바닥 조깅이 아니라 헬스장 러닝머신 위에서 뛸 수 있을까?

스물일곱, 여덟 먹은 동료들이 결혼하고, 집을 사고, 아이를 낳고, 물건을 샀다는 이야기를 한참 할 때, 내 미래도 저들과 비슷할까 궁금했다. 당시엔 물질적인 것을 더 추구했었다. 없었기 때문에 더 그랬다. 하지만 청춘의 패기와 활력을 가지고 있었고, 한 번도 그게 내게서 사라질 거라고 걱정하지 않았다. 영원할 거라고 생각했다.

6년이 흐르고, 지금은 동경했던 전부를 가졌고 부러워했던 생활을 보내고 있다. 하지만 늘 미래가 보이지 않고 어딘가 잘못됐다는 생각이 든다. 어제 친구가 말했다. "나 집 샀어. 내 이름이 적힌 집문서도 생겼는데, 왜 별거 아니라는 생각이 드는지 모르겠어." 사실 정말 별거 아니다. 많은 것들이 없을 때는 미칠 듯이 동경했는데, 정작 생기고 나면 정말 아무것도 아니라는 생각이 든다.

당신은 시간과 함께 성장한다. 아무 생각 없이 천방지축이었던 젊은이가 어느 날 차, 집, 돈, 부인이나 남편, 아들이 있는 성숙한 사회인이 된다. 문제는 그 다음이다. 그러고 나서 당신은 어떤 사람이 되고 싶은가? 돈과 힘으로 아들을 위해 모든 인맥을 동원할 수 있는 좋은 아버지? 세계 각지에 가서 쇼핑을 즐기는 패션피플? 회사에서 어떻게든 버텨서 중간 직급 정도만 맡으면 OK인 사람? 좋은 남편만 있으면 되는 와이프? 인생의 파도가 우리를 새로운 단계로 실어 간다. 그리고 새로운 생활과 관계를 시작하게 한다. 그때가 되면 우리는 예전처럼 작은 선물에 감동할 수 있을까? 길에서 우연히 지인을 마주쳤다고 기뻐할 수 있을까? 살면서 마주하는 모든 변화에 믿음을 가질 수 있을까? 사람들은 이것을 성숙이라고 부른다. 젊은 시절의 경박함이 퇴색된 성숙이라고 말이다. 하지만 나는 늘 활력이 사라졌다는 생각이 떠나지 않는다….

활력이란 무엇일까? 뭔가 들으면 흥분되고 몸 전체의 피가 끓는 느낌이 활력이다. 활력은 머릿속에서 자신이 무엇을 위해서 어떤 일을 하고 있는지 알고 있는 것이다. 또 활력은 자신이 아이처럼 세상에서 처음으로 마주한 것에 대해 호기심을 느끼는 것이다. 활력이란 당신의 삶이 피곤하고 힘들더라도 열정과 기쁨을 가지게 하는 것이다.

고등학교 기숙사에서 내 침대의 2층을 썼던 친구는 웨스트 라이프의 열성팬이었다. 그래서 기숙사생 모두가 매일 웨스트 라이프의 노래를 들을 수밖에 없었다. 웨스트 라이프 얘기만 나오면 친구는 눈을 반짝이고 하얀 치아를 드러내며 사람을 빠져들게 하는 미소를 지었다. 내가 본 가장 아름답고 진정한 활력이었다.

어떤 인생이나 행동에 옳고 그름이 있다고 생각하지 않는다. 모두 자신에게 달려 있다. 어떤 것이 자신의 마음을 편하게 하느냐가 중요하다. 대도시로도 쳐주지 않는 작은 도시에 사는 동창들은 늘 말한다. 쉰 살에 자기가 그 작은 도시에서 어떻게 살지 빤히 보인다고. 시장에서 물건을 사고 광장에서 춤을 추는 자신의 모습이 보인단다. 그래서 베이징, 상하이, 광저우 등 큰 세계로 나가고 싶어 한다.

또, 국유기업과 중앙기업에 일하는 동창들은 젊은 나이에 매일 차나 마시고 신문이나 뒤적거리는 게 싫다며, 외국계 기업이나 민간 기업에서 경험을 쌓고 싶다고 한다. 하지만 베이징, 상하이, 광저우 등 대도시의 외국계, 민간 기업에 일하는 나 같은 사람들도 생활패턴은 늘 똑같다. 매일 시간 맞춰 출퇴근하고 정해진 대로 월급이 오르고 승진한다. 주변 동료들을 보면서 자신이 4, 5년 뒤에 어떤 모습일지 짐작한다. 그 틀 안에서 벗어나지 않기 때문이다. 어느 날 일을 마친 뒤 컴퓨터를 끄고 멍하게 창밖을 바라보니 네온사인만 반짝이고 있었다. 불현듯 예전의 난 이런 모습이 아니었다는 생각이 들었다. 수많은 젊은이들이 바라는 삶이 정말 이런 걸까?

신나서 거침없이 말하던 모습, 어딜 가나 전혀 주눅 들거나 당황하지 않고 종횡무진하던 모습, 넘치는 활력을 주체 못 하던 시절을 나는 어렴풋이 기억한다. 그리고 활력이 세월 때문에 사라지는 게 아니라, 마음속 꿈이 현실의 먼지에 가려져서 사라진다는 사실을 문득 깨달았다. 어디에 살고, 어디에 다녀서, 똑같은 날을 반복하는 게 아니라, 미래에 대해 어떤 꿈과 희망을 가지고 있고 그걸 위해 얼마나 많은 땀을 쏟느냐에 따라 일상이 달라진다는 점을 알았다.

친구 추천으로 작가 치진니엔七堇年의 책을 읽었다. 국유기업 직원 주택단지의 아이들이 함께 어울려 살던 시절의 이야기였다. 치진니엔의 글에는 시간의 흐름이 담겨 있다. 도도한 캠퍼스 퀸이 10년이 흐른 뒤 골목 어귀에 미용실을 차리고, 매일 먹고사는 걱정을 하며, 골목에 나가 남편에게 밥 먹으러 들어오라고 소리치는 여자가 되었다. 똑똑했던 학구파 친구는 곱상한 외모로 부르면 달려가는 부잣집 마나님의 애인이 되었다. 옆 책상에 앉았던 부잣집 도령은 하루아침에 범죄자가 되어, 자신의 아이조차 고개도 못 들고, 조심조심 말하게 하는 사람이 되었다. 또 꼴찌였던 열등생은 돈을 모아 국유기업의 공장 부지를 사서 값비싼 주택을 짓는 사람이 되었다.

10년 뒤, 당신은 어떤 사람이 되어 있을까? 그리고 어떤 삶을 살고 있을까?

옮긴이 김미경

부산대학교 무역학 / 중문학을 전공했으며 중앙대학교 국제대학원 한중 통번역학과를 졸업했다. 다년간 기업체 번역 업무를 하고 있으며, 현재는 번역 에이전시 (주)엔터스코리아에서 출판 기획 및 전문번역가로 활동하고 있다.

오늘을 사는 용기

비겁한 청춘에 내일은 없다

초판 1쇄 발행 2016년 1월 18일

지은이 혼자걷는 고양이
옮긴이 김미경

발행인 곽철식
편집 김영혜 권지숙
발행처 다온북스

출판등록 2011년 8월 18일
주소 서울 마포구 동교로 144, 5층
전화 02-332-1972 **팩스** 02-332-4872

인쇄와 제본 (주)M프린트

ISBN 979-11-85439-39-6 03320